오후 네 시

허창옥의 산문산책 2
오후 네 시

수필세계사

프롤로그

내 의지는 문장 앞에 무력하다. 문장을 이어가야 내가 살 수 있다. 내게 문장은 밥 같은 것이다.

머릿속에, 심중에 문자들이 바람결로 일렁인다. 때로는 비단실로 보드랍게 휘감기고, 때때로는 히스클리프의 언덕처럼 폭풍이 몰아치기도 한다. 그럴 듯한 문장 하나가 가슴을 벅차게도 하고, 아무짝에도 쓸모없는 잡생각들이 무질서하게 난무하기도 한다. 그런 심경들을 일기로 써서 '수필일기'라 이름 짓고, 2007년에 책을 한 권 냈다. 『국화꽃 피다』이다. 이 작은 책에 담긴 글들은 정제되지 않은 최초의 문장들이므로 나와 가장 밀착되어 있다. 그래서 이 책을 나는 수필집들보다 더 좋아했다.

그리고……

일기쓰기를 그만 두었다. 어느 날, 문득 부질없다는 생각이 들었다. 자투리 사유들을 끼적인다고 글이 되지도 않거니와 더러는 치졸한 감상에 머무는 내용이 되어버리기 때문이다. 게다가 훌훌 날려버려도 좋을 기억들을 공연히 쌓아둠으로써 근심 덩어리의 곳간이 되고 만다는 생각도 들었다. 하지만 사는 게 그렇다. 그런 마음이면 그만두면 되는데 시도 때도 없이 떠오르는 어휘나 문장을 어쩌지 못한다. 지금 생각으로는 글을 쓸 수 있을 때까지, 그러니까 무기한으로 쓸 생각이다. 헛헛하다. 시리다. 이 허기를 읽을거리와 쓸거리로 채워야지, 달리 무슨 수가 있으랴.

나이가 적지 않으니 마음을 적잖이 주고받았을 터, 휘휘 둘러

보아도 애틋한 정인은 보일 듯 말 듯하다. 지인은 많은데 정인이 드물다면 그건 순전히 내 탓이다. 진심을 주지 못하였기에 추호의 서운함도 있다할 수 없거늘. 이제 주지 못하고 받지 못한 마음을 글로 쓰나니, 이 작업이야말로 내 마지막까지 위안이 될 애틋한 벗이 아닐런가.

  지금 내가 서 있는 시간은 어딘가. 어두운 산수로 계산해 보니 대략 오후 네 시쯤, 정직하게 말한다면 다섯 시나 여섯 시가 맞을 것이지만 나는 염치없이 '오후 네 시'라고 우기고 싶다. 뭐랄까, 오후 네 시에는 문학적 향내가 난다. 아마도 내 시간은 신이 마련한 시간과 다를 것이다. 내일을 모르는 인간이 자신의 시간이 여덟 시간이나 남았다고 하면 자비로운 나의 신은 그저 궁휼히 여기리.

그리하여 나는 '오후 네 시'를 표제로 두 번째 산문산책을 시작하는 것이다. 몇 해 전, 같은 지면에 연재했던 산문산책 '그날부터'에서도 비슷한 말을 하였다. 이 글은 독서일기, 수필일기이다. 이 글은 또한 수필이라는 형체가 되기 전의, 쓰일 수도 있고 버려질 수도 있는 질료 같은 것이다. 나는 글쓰기의 자유를 열망한다. 하여 까다로운 수필적 제약을 배제한다. '나'라는 일인칭도, 터부시하는 접속사도 마음껏 쓰련다. 동어반복도 주저하지 않겠다. 막 써내려가는 글이다. 꼭지의 길이도 제멋대로이다. 그저 문장일 뿐이다. 내 인생의 오후 네 시쯤에 시작한 이 문장들이 오후 여덟 시 혹은 자정까지 이어지길 바란다.

芝園 허창옥

차례

프롤로그 / 4

01   오, 눈이여, 내 보배 중의 보배여! / 16
      글감옥 / 17
      한심타 / 18

02   고요 / 20
      물음 / 22
      별사別辭 / 25

03   버킷리스트 / 27
      서사 / 29
      후지와라 신야 - 나는 걸었다, 세계는 좋았다 / 30
      쓰고 싶다 / 32

04   오, 나의 사랑하는 문자여! / 34
      봐 주고 싶다 그런 나를 / 36
      춤추라, 사랑하라, 노래하라, 살라 / 37
      무제 / 40

05	꽃처럼 질 수 있어서 / 41
	마음 없이 살고 싶다 / 43
	월요일 오후 네 시 오 분 / 46

06	그 금쪽같은 시간에 / 50
	내 사랑아 / 53
	그냥 / 55

07	떠남 그리고 밤 / 57
	장 그르니에 그리고 카뮈 / 60
	숭고 / 62

08	봄빛 / 63
	幻 / 65
	글쎄 / 66
	순례자 / 68

09　　　그리고 또 술, 블랙러시안 / 70
　　　　걱정인형 / 72
　　　　지적 희열 / 74
　　　　왜 안 될까? / 75

10　　　포행 / 77
　　　　낙숫물소리 / 80
　　　　그럭저럭 살자 / 82

11　　　어떤 사람 / 86
　　　　그리 되고 있다 / 89

12　　　그때쯤이면 / 93
　　　　일요일 저녁 / 95
　　　　넋두리 / 97
　　　　살아있다 / 98

13	사만다, 무릇 어미는 그런 것이다 / 100	
	잠 안 오는 밤에 / 102	
	온 세상이 환하다 / 105	
14	커피 또는 두통약 / 107	
	치열 / 109	
	무엇 때문에? / 111	
15	이토록 기분 좋은 작은 것들 / 114	
	바람결을 따라 / 117	
	해로偕老 / 119	
16	보이는 대로 보려니 / 122	
	산으로 가지 않고 / 124	
	봄바람이 불어와서 / 126	

17　　위로 / 129
　　　글상 차리기 / 130
　　　문득 / 134

18　　명료, 명쾌 / 136
　　　여름은 그저 여름이겠거니 / 139
　　　허○○백신접종기記 / 140

19　　만추 / 143
　　　버드맨 / 145
　　　로맨틱 / 147
　　　무제 / 149

20　　불어라 봄바람, 솔솔 불어라 / 150
　　　감천리 / 153

　　　에필로그 / 156

오, 눈이여,
내 보배 중의 보배여!

01
오, 눈이여, 내 보배 중의 보배여!

파스칼의 문장은 고결하고, 지적이며, 철학적이다. 플로베르의 문장은 섬세하고, 간결하며, 묘사가 기막히다. 마르셀 프루스트의 문장은 의식이 흐르는 대로 편안하게 이어진다. 하여 걸림이 없으나 사변적이다. 쓰기보다 읽기가 행복하다. 오, 눈이여, 내 보배 중의 보배여! 나로 하여금 읽을 수 있게 하다니, 고맙고도 고마우이.

손철주의 『꽃피는 삶에 홀리다』를 읽는다. 어떤 문우가 권해서 읽는 것인데 정말 글맛에 홀릴 것 같다. 문학과 미술, 문화와 일상, 말하자면 앎과 삶에 대한 모든 게 다 그의 소재가 된다. 문체의 황홀, 지적 충만감이 나를 홀리게 한다. 대체 나는 무얼 쓰고 있나. 재미없고 무겁기만 한 글들을 써왔고, 계속 그렇게 쓸 수밖에 없다는 걸 뻔히 알고 있으면서 여전히 문자판을 두드리고 있는 이 지지부진이라니.

글감옥

조정래 선생의 『황홀한 글감옥』을 읽고 있다. 그의 감옥이 내게 황홀하다. 진정한 글쟁이는 이렇구나. 그 정도의 글을 쓴 작가라면 당연히 그래야지. 당연한 사실임에도 불구하고 한 줄 건너 한 번씩 경이롭다. 인간의 정신이 숭고하다는 걸 깨닫는다. 그럼에도 불구하고, 그런 경외감에도 불구하고, 나는 물색없이 글을 막 쓰고 싶어진다.

"무엇은 써야할 '내용'이고, 어떻게는 '형식'이다. 어떻게보다 무엇이 중요하다." 그는 무엇을 쓸 것인가를 끊임없이 모색했다.

읽기, 생각하기, 쓰기의 비율은 4:4:2가 바람직하다고 그가 말했다.

무엇을 쓸 것인가를 생각해 본다. 글줄 막힌 지 한참이 되었다. 어찌어찌 쓰긴 하는데 그게 통 마땅치가 않다. 이러고서야 작가라 할 수가 없다. 작가정신이니, 치열함이니, 열정이니 잘도 말하면서 정작 그 미덕으로부터 점점 멀어져 간다.

선생의 글감옥을 세세히 들여다볼 생각이다. 다시 시작해야 할 것 같다. 글감옥, 나도 한 번 지어볼까. 언감생심 거기에 갇혀 볼까.

한심타

열망은 가득한데 쓸 수는 없고, 마음을 주체하지 못해 책을 붙들고 있다. 『그리스인 조르바』를 다시 읽고, 이병주 선생이 쓴 『허망과 진실』에서 도스토예프스키 편을 읽고 있다. 조르바는 경이롭고, 카잔차키스는 숭고하다. 도스토예프스키에 관한 한 작품이든 평론이든 전기든 무조건 흥미롭다. 도스토예프스키를 좋아한다. 여기저기서 그를 만나는 건 내게 행복이다. 이렇듯 고급 문학을 읽으며 작가와 작중인물에 경도되는, 그야말로 문학향기 자우룩한 시간을 보내는데, 정작 내 문학은 비천하고 저급하다.

 생각이 많다. 글거리도 꽤 모였다. 한참을 쉬었다. 쉬고 싶었다. 대단한 글을 쓰는 것도 아닌데 다소 지쳤고, 글쓰기의 바닥을 드러낸 것 같은 느낌이었다. 쉬는 동안 그러나 허전했다. 글쓰기가 없는 시간들이 텅 빈(산문은 참 직설적이다. 곧이곧대로다. 친구 시인은 이럴 때 '빈혈의 시간'이라 표현한다. 은유, 그럴듯하지 않은가.) 것 같았다. 쓸 수 있겠지. 그저 내 마음을 기록하려는 것뿐인데, 내게로 와서 머무는 정감이나 나를 흔드는 영상을 옮기고 싶을 뿐인데 그게 안 될 까닭이 대체 무언가. 한심타.

02 고요

 "청천하늘엔 잔별도 많고, 이 내 가슴엔 수심도 많다." 노랫말이 참말로 가슴 저리게 와 닿는다. 구구절절 가슴을 파고든다. 젊어서는 팝송이니 포크송이니 겉멋만 잔뜩 들었다, 나이가 드니 서양 클래식이 편안하고, 우리 고전이 점점 좋아진다. 본시 내 몸속에 우리 가락의 정情과 한恨, 신명이 흐르고 있었으나 나이 들어서야 알아차린 것이다. 청천하늘의 잔별은 언제 보았는지 기억도 나지 않는데, 이내 가슴의 수심은 많고도 많다. 다 내 탓이려니. 근심이 나를 점령하여 흔들고 누른다. 나는 동그랗게 오그리고 깊이 숨어든다.

　세상은 언제나 소란스럽고 내 속은 날마다 시끄럽다. 나는 고요를 원한다. 장그르니에가 말한 비밀스러운 삶을 나도 살고 싶다. 고독한 삶이 아니다. 내밀한 삶을 말한다. 『달과 6펜스』의 스트릭랜드처럼 6펜스의 세계(세속적, 물질적)를 미련 없이 버리고 달의 세계(자유, 이상)인 타히티로 가서 오직 그림만을 그리며 미친 영혼으로 살 수는 없다. 스트릭랜드는 고갱을 모델로 한 인물이다. 고갱을 떠올리기는 하나 허구가 덧입혀진 훨씬 기이한 인물이다. 나는 이 인물에 공감할 수가 없다. 이 인물은 극도로 이기적이고 괴팍하다. 하지만 예술에 몰입해서 모든 걸 벗어 던지고 타히티에 은둔하는 그 미친 열정에는 외경을 느낀다.

　이야기가 한참 엇길로 나갔다. 이 글은 산문이다. 붓 가는 대로 쓴다. 수필은 붓 가는 대로 쓰는 것이 아니다. 스트릭랜드가 여기에 느닷없이 등장한 까닭은 그는 할 수 있는데 나는 하지 못한다는 것을 말하기 위함이다. 나는 절대로 6펜스를 버리지 못한다. 그럼에도 불구하고 '섬'으로 표상되는 고요를 갈망한다. 내 안에 '섬'의 고독, 고요를 만들면 되는데 나는 그 정도의 인물은 결코 될 수 없다. 만약에 내가 실제로 섬에 가서 오두막에 머문다고 해도 섬을 둘러싼 해변의 파도소리보다, 숲 속을 울고 다니는 바람소리보다 더한 소란스러움이 내 안에 있을 것이라 확신한다. 그런 인간이다, 나는. 사서 근심을 하고, 머릿속을 잠시도 가만두지 않고 긁어댄다.

하지만, 또 그럼에도 불구하고 섬 또는 숲 속의 삶을 꿈꾼다. 말 그대로 꿈, 꿈이다. 나는 지금 눈을 뜨고 잠을 잔다. 잠을 자면서 꿈길을 느릿하게 걷는다. 꿈이란 본시 잠에서 깨면 사라지는 것이려니 이 문장이 끝나는 순간 내 꿈도 끝이 난다. 그러면 어떠랴, 고요란 평범한 인간이 누릴 수 있는 경지가 아닌데.

물음

본말이 전도되어서는 안 되는 것이었다. 본질을 잊지 않아야 했거니와 본질을 둘러싼 것들에 휘둘리지도 않아야했다. 글쓰기의 본질은 당연히 쓰기다. 그런데 그 '쓰기'에서 관계가 발생한다. 관계 속에서 길을 잃고 헤맨 시간이 있었다. 관계는 대개 기쁨을 주지만 때로는 공허함을 느끼게 한다. 이른바 문단, 동아리활동은 창작에 대한 열정을 자극하는 긍정적인 효과가 있고, 소속감이 자긍심으로 작용하기도 한다. 하지만 활동에 너무 치우치면 창작에 마음을 쏟을 시간이 줄어든다. 창작이 없으면 배가 고프다. 하여 더러는 홀로 있는 것이 좋았다. 그런 시간에 '글쓰기는 내게 무엇인가'를 깊이 생각했다.

김과 전을 만났다. 김은 글을 잘 쓴다. 격을 잡느라 재미를 놓치는 건 나와 비슷하지만 글은 나보다 훨씬 잘 쓴다. 진심으로 기쁜가. 기쁘다. 여기에 위선은 없다. 전은 단정하고 약간 까칠하다. 글도 군더더기가 없다. 그런 전은 매력적이다. 열정만 더하면 좋으련만 전은 문학적 열망을 저급하다고 생각하는 것 같다. 허명을 좇는 건 곤란하지만 작가는 모름지기 치열하게 써야하는데. 나는 그들을 김 선생, 전 선생이라 부르는 이른바 선배다. 그들과 함께한 시간에 나는 선배로서 부끄럽지 않았던 걸까.

'아방가르드 에세이'란 부제가 붙은 오차숙의 저서 『음음음음음음음』을 읽는다. 아방가르드란 방향제시와 개성의 향내가 짙은 글을 읽노라니 이렇게도 쓰는구나. 이렇게도 써야하는구나. 수필의 새로운 영역을 보는 즐거움이 크다. 비록 나는 그렇게 쓰지 못하지만 그렇게 쓰는 작가를 가진 수필문단의 지평은 창창하게 열려있다는 생각이다.

문체는 화려하고 정신세계는 자유로우며 형식은 파격이다. 지적이며 현학적이다. 그래서 안 되는 이유가 뭔가. 작가 "스스로 정통성에 무례하다."고 말했다. 기존의 수필을 생각하면 그런 측면이 없지가 않다. 하지만 전통, 그렇게 여겨지고 그렇게 되어왔던 모든 것은 언젠가는 깨어지는 것이다. 변화는 거부할 수 없는 가치다.

중견수필가 김용옥이 연재하는 「관음」을 읽다. 김희자의 수필 「영무」를 읽다. 두 사람한테 다 졌다.

모든 글 그리고 책은 내게 텍스트다. 읽을 때 나는 밑줄을 긋고, 머릿속으로 되뇐다. 습관이다. 하지만 되도록 그 내용을 잊으려 한다. 행여 그것이 내 글 속에 마치 내 것인 양 슬그머니 들어앉을까 저어해서다. 읽기는 내 영혼을 배불리는 양식이다. 읽기는 즐겁다. 더 이상의 유희는 없다. 하지만 글쓰기, 대체 글쓰기는 내게 무엇인가. 그 물음에 나는 대답할 수 없다. 내 글쓰기는 그래서 이리도 지리멸렬하다.

별사別辭

인터넷 서점에 들어가서 책 몇 권을 주문했다. 책을 찾는 것이 쉽지가 않다. '사이버'란 육지인지 바다인지 허공인지 모를 묘한 세계가 엄연히 존재한다. 거미줄보다 더 촘촘하고 정교한 구조로 건설된 그 세계가 나는 늘 낯설다. 더듬더듬 들어가서 뭔가를 찾을라치면 여기저기에 걸려서 자꾸만 넘어진다. 책을 찾고 주문하고 결제하느라 한나절을 써버렸다.

박완서 선생의 마지막 작품집 『못가본 길이 더 아름답다』를 샀다. 사서 읽어야지 하는 동안 선생께서 가셨다. 눈물겹게 따스하고 참으로 맛깔나고 넉넉한 선생의 문장들을 되도록 천천히 새기며 다시 읽고 싶다. 선생의 장례식 날 눈이 푸지게 내려서 장지로 가는 가파른 길이 내내 근심스러웠다. 나중에 그 어름에 사는 동생이 선생의 유택에 다녀와서 하는 말이 인상적이었다. 소박한 무덤이었단다. 문인들이 썼던 짧은 이별사들 중에 동생은 한말숙선생의 별사를 전했다. "완서야, 잘 가고 잘 있어." 시든 꽃다발에 붙어있는 글귀였다. 과연 작가를 보내는 또 다른 작가의 깊고 애절한 별사別辭다. 먼 길 떠나는 영혼은 잘 가고, 땅 속에 남아있는 육신은 잘 있고. 나도 한말숙선생의 별사를 되뇌었다. "선생님, 잘 가시고, 잘 계세요."

선생과 연이 닿지 않아 일면식도 없지만 선생의 문장에 입맛 다시고, 그 세계를 가늠하며 책읽기의 행복에 휩싸였던 세월은 짧지 않다.

03
버킷리스트

교보문고 지하에서 스케치북 (고운 빨강색 커버-빨강이라고 다 곱지는 않다. 색감이 그렇다.)을 샀다. 이른바 버킷리스트를 실행에 옮겨볼 생각이었다. -읽기 어려울 때를 대비해서 그림을 그려볼까 했다. 그림그리기는 쉬울까마는 - 만년의 헤세처럼 엉덩이만 겨우 걸칠 수 있는 작은 앉을깨에 앉아서 눈앞에 보이는 정경들을 그리고 싶었다. "2011년, 10,24, 시작하다." 스케치북 첫 장에 거창하게 썼다. 먼저 노년의 헤세를 그렸다. 어찌어찌 얼굴은 되었으나 표정이 없다. 깊은 눈도, 이지적인 입술도, 주름살

사이로 보이는 세계가 담긴 것 같은 깊이와 경륜을 조금도 담아내지 못했다. 유치원 수준이다. 실망하지 않으련다. 애초에 화가가 되려는 건 아니었으니까. 다만 즐거움이, 평화로움이 되기를 바랐으니까.

햇살 좋은 마루에 밥상을 펴놓고 꼬맹이처럼 쪼그리고 앉아서 헤세의 수채화들을 따라 그렸다. 점 하나 선 하나를 연필로 재어가며 그리면 꽃이 되고, 나무가 되고, 산이 되었다. 비는 시간마다 초집중하며 스케치북 한 권을 채웠다. 물감을 묽게 개어 음영과 농담을 흉내 내는데 이태도 더 걸렸다. 일을 해야 하고, 먹어야 하고, 잠자야 하고, 글쓰기를 해야 해서 그걸로 끝이 났다.

「목록- 죽기 전에 하고 싶은 일」이란 제목으로 몇 해 전에 수필을 썼고, 첫 번째 명제인 「수채화 그리기」도 썼다. 수채화 그리기는 실패했다. 베끼는 데서 창작으로 옮겨가야 하는데 그게 되지가 않는 것이다. 저급하나마 이젤을 세워놓고, 아니 이젤까지는 아니고 무릎 위에 화판이라도 놓고 나무 한 그루, 돌담 한 뼘쯤은 순전히 내 것으로 그려야하는데 그걸 하지 못했다. 능력 밖이었던 게다. 다른 네 가지 그러니까 죽자고 글쓰기, 밤새워 책읽기, 사흘 밤낮 잠자기, 멍하니 앉아있기도 썼는데 거의 실패담이다.

하지만 어떠랴, 아직 시간은 남아있지 않나? 어림없다고?

서사

  서사-그 눅진눅진한, 뼈마디까지 아픈 개인사 또는 유장한 역사- 유장한 역사는 본시 담을 그릇이 못되고 오로지 개인사를 붙잡는다. 개인사, 모르는 척할 수도 뿌리칠 수도 없다. 자꾸 게워내고 싶다. 정 많고 한 많아서 가슴을 뚫고, 간장을 녹이고 뇌리에 박힌 그 자질구레한 기억들을 다 어찌하리. 필력이 좋아서 대하소설을 쓸 수 있으면 오죽 좋으랴. 그건 좀 과하고 감칠맛 나고 인간냄새 물씬한 자전에세이를 장편으로 써도 좋으련만. 실력을 쌓지 못한 보험설계사처럼 주변을 주~우욱 짚어가는 궁색함이라니.
  어떻게 생각해야 하나. 아버지, 어머니, 언니, 이모, 아지매, 아재, 이웃 누구누구, 그 또는 그녀들은 누군가의 수필에 과연 등장하고 싶을까. 등장해서 초상권 내지는 인격권 같은 것을 침해 받고 싶을까. 자신의 면면이 작가의 관점에서 살펴지기를 바랄까. 불특정 다수에게 노출되고 싶을까. 수필들을 읽다가 또는 쓰다가 대단한 결례란 생각이 들 때가 많다.

그리하여 서사란 무엇인가를 숙고하게 된다. 이미 존재했던 인물들, 실재했던 일들과 그에 따른 정감들, 영상들을 소재로 선택해서 글줄을 이어갈 때 어떤 마음이어야 하나. 인물을 재창조하고 사건을 재구성하면서도 허구가 아닌 진실을 쓴다? 감동이 있으면서 개인의 존엄을 훼손시키지 않아야 한다? 그래야할 것이다. 하지만 나에게 과연 그런 역량은 있는 것인가.

후지와라 신야-나는 걸었다, 세계는 좋았다.

후지와라 신야는 여행에 앞서 딱 두 가지를 준비했다. 버리기, 그리고 준비하지 않기. 그래서 버리고 팔아치우고 보니 가진 것 중에서 절실히 필요한 건 칫솔 정도였다고 한다. 그게 스물다섯 살 청년의 생각일 수가 있나. 이 대목에 끌려서 『인도방랑』을 읽기 시작했다. 그보다 한참 더하고 또 한참을 더해야할 만큼 나이가 많은 나는 한동안 그에게 반해 있었다. 책은 서가에서 십여 년을 낡아가고 있었다. 얼마 전에 한 후배가 이 책을 선물로 주었다. 그 마음이 고맙고, 오랜만에 그토록 좋아했던 책의 표지를 보니 반가워서 다시 읽었다.

한 장면이 사무친다. 저 멀리 국경 근처의 붉은 땅에 인도인이 혼자 가만히 앉아있었다. 신야는 그 모습이 너무 인상적이어서 숨이 차도록 달려가서 그 남자를 보았다. 그 남자는 '절대적으로' 아무 것도 하지 않고 그냥 앉아있었던 것이다. 신야가 생각한 것이 명상을 하는 현자의 모습이었는지 아니면 존재 자체가 절대고독인 한 인간이었는지에 대한 설명은 없다. 그저 멍하니 앉아있는 모습을 보고 달려갔던 그가 적고 있다, '도쿄에서 온 멍청이와 붉은 땅 위의 멍청이의 첫 만남'이라고. 그걸로 그뿐 여행자는 다른 이야기로 넘어간다.

하지만 나는 그렇지가 않다. 그 장면이 뇌리에서 떠나지 않았다. 해저물녘 (물론 시각에 대한 어떤 암시도 없다.)의 붉은 땅, 그건 아마도 지평선일 것 같다. 지평선, 그 열려있음, 그 광막함, 그리고 그 하염없음이 내게로 전이되어서 사무치는 것이다. 절대적으로 아무 것도 하지 않는 것, 멍하니, 이 얼마나 매혹적인가. 거기 앉아보았으면 좋겠다. 그건 읽을 수 없는 하나의 세계일 터이다. 그 세계와 마주보고 오래, 자아도 타자도 잊어버린 채 밤이 캄캄하게 내려앉을 때까지 앉아있었으면 정말로 좋겠다. 그때 바람이 불어서 내가 살아있음을 실감나게 알려주면 참 많이 눈물겹겠다. 마침내 내가 까무룩 한 개의 점이 되는 순간의 신비를 느낄 수 있었으면 나 죽어도 여한이 없으리. 터무니없는 그따위 감상적인 생각이 오래 나를 놓아주지 않았다.

쓰고 싶다

지난 밤, 잠을 자다 깨다 했다. 잠과 잠의 틈에 생각했다. 생각하려고 한 것이 아니라 절로 그리 된 것인데, 그 생각이란 게 또 잠을 방해했다.

글쓰기가 뜸했다. 바빴다는 것이 이유다. 안과 밖이 소란스러우면 당연히 글쓰기를 못한다. 친구들이 말한다, 웬만큼 쓰지 않앉냐고. 어떤 이는 말했다, 더 이상 좋은 글이 나오지 않으면 그만 쓰는 게 작가적 양심이라고. 물론 맞는 말들이다. 하지만 내 문제는 그런 것에 있지 않다. 글이 더 필요해서도, 더 좋은 글을 쓰고 싶어서도 아니다. 그냥 쓰고 싶은 것이다. 그게 안 되어서 나는 자다가도 깨서 글쓰기가 안 된다고 끙끙거리며 돌아눕고, 또 되돌아 눕는다.

  이 '서정적'인 겨울에 울림이 있는 서정수필 한 편을 쓰고 싶다. 오, 나는 쓰고 싶다.

04
<u>오, 나의 사랑하는 문자여!</u>

　누보로망(Nouveau roman), 관찰과 통찰을 하지 않고 보여주기만 하는, 해석하지 않는, 정석대로 쓰기에 반하는 내용의 또는 형식의 글쓰기. 이제까지의 본격소설이 취한 전통적인 글쓰기를 해체한 소설, 그러니까 안티로망(Anti-roman)이라는 걸로 이해된다.

　누보에세이, 안티에세이, 그런 느낌과 그런 시도의 수필들을 이미 적잖게 보아왔다. 이 글도 안티에세이일 수 있다. 아니 이도 저도 아니란 게 맞다. 실험정신의 결여, 낯설음에 대한 지독한 낯설음을 나는 견딜 수가 없다.

다만, '오후 네 시'로 시작된 이 글쓰기에서 나는 가능한 한 소재나 주제 따위를 잊어버리고 싶다. 글이 나아갈 바에 대한 논리적 사고를 버리고 글쓰기에 앞서 보통 하게 되는 사유와 천착의 시간을 갖지 않으려한다. 무엇을 쓸 것인가에 대한 생각도 하지 않으련다. 그냥 문장을 이어가고 싶은 것이다. 오래전, 수필을 쓰기 시작했을 때 누군가가 말했다. 공부 잘하는 여학생의 모범답안지 같다고. 한마디로 딱히 오류는 없는데 답답하다는 것이다.

그렇거나말거나 내 평생 놓치고 싶지 않은 열락이 있다면 문자를 만지며 문자 속에서 흥겹게 노는 것이다. ㄱ ㄴ ㄷ ㄹ, ㅏ ㅑ ㅓ ㅕ, 문자가 상하좌우로 맞춰지고 겹쳐지면서 문장을 만들어 내고 그 문장에 의미가 발생할 때 무한한 희열을 느낀다.

문자가 있어서 마냥 행복하다, 문자여. 오, 나의 사랑하는 문자여!

봐 주고 싶다 그런 나를

 횡단보도 앞에서 두 남자를 봤다. 길의 이쪽과 저쪽에 젊은 남자와 나이 지긋한 남자가 마주 앉아있었다. 두 남자를 번갈아보다가 신호가 바뀌어서 길을 건넜다. 건너가서 국밥을 먹고 돌아왔을 뿐 그 정경이 내게 의미 있게 남아있다는 의식도 하지 않고 지냈다.

 얼마 후에 같은 횡단보도 앞에 무심히 서 있었다. 지인이 오면 보통 국밥집에서 밥을 먹는다. 가깝고 가격도 편하다. 빨강사람이 번번이 발을 묶는다. 언제나 사람들이 이런저런 모습으로 서 있고 또 건너오고 건너간다. 그런 정경들이 새삼스러울 건 없다. 그럼에도 묘하게 얼마 전에 본 두 남자의 영상이 또렷이 떠오른다. 잊고 지내려했는데 지인들은 나를 자주 국밥집으로 불러냈고, 횡단보도도 그때마다 나를 붙잡고 늘어졌다. 그래 쓰자. 결국 쓸 거잖아. 이제 천천히 되새김질을 해보아야 한다.

 글을 쓸 때마다 약간 궁색하다는 생각이 들곤 한다. 현상이나 형상을, 풍경이나 정황을 있는 그대로 보고 느끼면 될 일이다. 기뻐하고 슬퍼하고 분노하고 행동하며 살면 될 일이다. 보이는 것, 들리는 것, 느끼는 것마다 의미가 되어달라고, 그래서 한 줄의 문장이 되어달라고 애걸하는 것만 같다.

비천함에서 아름다움을 찾아내라. 분명히 도사리고 있을 불온한 낌새에서 안온함을 느껴보라. 행동하지 않아서 당연히 해결할 수도 없는 후미진 곳의 이야기들을 들추어내 보라. 그래서 쓴다. 쓰는 일의 당위성을 거기에서 찾는 것인데 진실을 말하자면 내가 쓴 글들은 대개 그 당위성을 확보하지 못했다. 그런 채로 봐주고 싶다, 그런 나를.

진실을 말하자. 두 남자의 영상을 지워버리지 못하고 현재 시점으로 불러내어 재현하는 진짜 이유는 그게 가슴 속에서 자꾸 말을 걸어오기 때문이다.

춤추라, 사랑하라, 노래하라, 살라

『꾸뻬 씨의 행복여행』을 읽기 시작했다. 이른바 베스트셀러다.

이 책이 신문의 주간베스트에 계속 올라와서 관심을 끌기도 했지만 그보다는 성공한 의사가 하던 일을 접고 여행을 떠난 이야기라는 게 매혹적이었다. 더불어, 행복이란 그 모호한 낱말을 어떻게 받아들이고 느껴야 하는가에 끌렸다.

춤추라, 사랑하라, 노래하라, 살라. 작은 제목들이 더할 나위 없이 멋지다. 하도 기막히게 좋아서 내가 허락도 없이 빌려다가 이 꼭지의 제목으로 올렸다. 나는 꽃이 만발한 산야를 그려낼 때 저 유구한 '만화방창'보다 더 나은 표현을 알지 못한다. 인생을 말함에 있어서, 행복을 압축함에 있어서 꾸뻬 씨가 선택한 작은 제목들보다 더 윗길이 가능할까 라는 생각이 드는 것이다. 그러니 꾸뻬 씨여 용서하시라.

그리고~, 수필 몇 편을 읽었다. 솔직히 나는 소설 읽기를 더 좋아한다. 하지만 가능하면 수필을 안 읽는 날이 없도록 마음을 쓴다. 내가 뭐 책만 읽고 있는 사람도 아니고, 밥벌이도 해야 하고 마음을 써야할 소소한 일상도 있는 것이어서 시간은 늘 모자라고 읽을거리는 넘친다. 틈새에 수필을 읽는다. 소설을 읽다가 지루해지면 수필을 읽는다. 오늘은 좀 색다른 수필을 읽었다. 이른바 퓨전수필이다. 내가 그렇게 쓸 수는 없지만 자극은 된다. 자극,

자극이 좋다. 글줄 사이에 퍼질러 앉아있는 나를 자극이 일으켜 세워준다.

저물녘에 다시 『꾸뻬 씨의 행복여행』을 들고 몇 꼭지를 더 읽었다. 행복이 무엇인지, 어떻게 사는 것이 행복인지를 알기 위해 여행을 떠난 정신과 의사의 여행기는 진솔하다. 주인공이 쓴 수많은 행복노트를 읽으며 행복은 궁극적으로 무게를 털어내는 일이라는 생각에 이른다. 무게를 털어내는 일은 대단히 어렵지만, 할 수만 있다면 조금이나마 가벼워질 수 있다. 가볍다, 그게 바로 자유다. 자유는 편안함을 가져다준다. 그 편안함이 내게는 행복이다. 꾸뻬 씨가 지향하는 행복과는 다를 수도 있겠다. 행복은 지극히 주관적인 것이니까.

꾸뻬 씨는 여행 중에 몇몇 현자들을 만나는데 그 장면들이 매우 인상적이었다. 여기 한 대목을 인용한다. '위대한 교수는 키가 아주 작았지만 그 대신 코가 무척 컸고, 새의 깃털처럼 머리위로 흰 머리카락 뭉치가 세워져 있었다.' 묘사가 재미있다. 쿠뻬 씨는 위대한 교수의 모습을 눈에 보이듯 그려냈다. 발자크의 '고리오 영감'의 문체가 생각난다.

무제

 모르겠다, 언제부터 나 아닌 내가 밖으로 나가서 내 행세를 하고 다니는지. 아무래도 밖에 돌아다니는 '나'라는 인물은 내가 아닌 것 같다.

05
꽃처럼 질 수 있어서

　신천 동안도로 옹벽의 줄장미가 그 빛깔을 잃고 시들었다. 5월의 찬란한 햇빛에 몸을 적시며 무더기무더기 피더니 한 달 남짓으로 꽃잎을 접으려 한다. 또 한 해를 기다려야 장미를 보게 될 터이다. 시들고 있는 장미를 마주하고 접시꽃이 피기 시작했다.

　허리를 꼿꼿하게 세우고 접시꽃은 열병식을 하듯 서있다. 꽃은 빨강색으로 열정적이고, 분홍빛으로 수줍으며, 하얀색으로 순결하다. 꽃들은 따로 혹은 같이 서있다. 햇살이 꽃잎 위에, 초록 이파리들 위에 쏟아지고 있다. 환하다.

진달래 지면 철쭉꽃 핀다는 속담이 있다. 어떤 일의 다음에 자연스럽게 다른 일이 다가옴을 말함이나 뜻이 변용되어 한 여자가 떠나면 다른 여자가 온다는 짓궂은 말이 되기도 했다. 물론 장난기가 만들어낸 말이겠지만 "마누라 죽으면 새 마누라 얻으면 된다." 라는 괘씸하기 짝이 없는 문장이 되기도 한다.

그따위 말장난이 무슨 의미가 있으랴. 그대로 알아들으면 된다. 장미꽃이 지면 접시꽃이 핀다. 접시꽃이 기운을 잃을 때쯤 배롱나무에 진분홍 꽃이 피고, 이어서 코스모스가 바람에 물결을 만든다. 꽃은 언제나 피고 언제나 이운다. 그리고 또 핀다. 더 기다리면 동백꽃이 피고, 매화가 피고, 벚꽃이 핀다. 피고 또 피고 지고 또 진다.

유한한 생명들의 향연이다. 나 또한 유한해서 꽃처럼 질 수 있을 것이어서 좋다.

마음 없이 살고 싶다

 어젯밤, 몸이 부서지는 것 같았다. 머리부터 발끝까지 아프지 않은 데가 없어서 뒤척이고 뒤척이다 결국 일어나서 등에, 발바닥에 파스를 붙이고 알약을 찾아서 먹고도 한참이나 끙끙거렸다. 아침에 습관적으로 눈을 떴고, 혼미 속에서 오늘이 휴일이란 걸 깨달았다. 폭신한 이불이 껴안듯 감싸주어서 다시 혼곤한 잠에 들었다. 늦게 일어나서 세수도 하지 않고 아침밥을 먹었다. 밥이 늦어지면 저혈당이란 놈하고 싸워야 한다.

 욕실조명이 싫다. 언젠가 다른 글에서도 쓴 적이 있는데 얼굴을 가장 적나라하게 비춰주기 때문이다. 이게 바로 너다, 그걸 납득하고 싶지 않다. 욕실은 켜고 끄고의 빈도가 높아서 전기를 당겨오는데 전력손실을 최소화하는 전구를 쓴다고 한다.(이론적으로 맞는 말인지는 확인하지 못했다.) 아무튼 칫솔을 물고 들여다본 아니 마주본 거울 속 내 얼굴이 영 아니란 게다.

 거울이 내 나이를 잘 보여주고 있다는 말이 아니다. 나이보다 덜 들어보여도 더 들어보여도 그건 문제가 아니다. 문제는 표정이다. 어쩌다 이런 얼굴이 되었을까. 그래 살아온 세월 만만치 않았다. 인정한다. 녹록치 않은 시간들이 축적되어서 이 얼굴을 만들었다. 살아온 그 오만가지 일들이 이런 결과를 가져왔다? 맞을 것이다. 맞다.

생각이 쌓이고 말이 쌓이고 행위가 쌓인, 그러니까 나의 모든 걸 축약해서 내 놓은 게 이 표정이란 거다. 몇 줄 쓰지 않았는데 이 글 또한 쓸데없는 심각함을 향해 나아가고 있다. 이 몹쓸!

오만가지라 했거늘, 구체적으로 따져보자. 누가 나를 보면 겉모양이 괜찮다고 할 것이다. 일도 있고, 어디 아픈 것 같지도 않고, 자세히는 모르지만 가족들도 문제가 없어 보일 테고. 실제로도 그렇다. 평온하다고 해야 맞다. 그럼 뭐란 말인가.

이쯤에서 자문에 자답할 수밖에 없다. 아무도 내게 질문하지 않았으며, 이 글 또한 자발적으로 쓰고 있기 때문이다. 자, 나를 들여다보자. 성찰이니 회한이니 하고 정말이지 많이, 오래, 스스로를 들여다보며 살아왔다고 생각한다. 그럼에도 여기서 나를 다시 들여다보겠다는 것은 남은 시간마저 심각함 속에 밀어 넣고 싶지 않아서이다. 요컨대 나는 가벼워지고 맑고 밝게 살고 싶다.

요즘말로 캐릭터 자체가 심각하다. 지나치게 진지하다. 어둡고 무겁다. 왜 살아야하는가, 어떻게 살아야 하는가라는 분수에 넘치는 질문에 끊임없이 자신을 몰아쳤고, 돌아오는 대답에 시달렸다. 삶의 내용과 밀도에 대해서 생각하고 또 생각하였다. 그리하여 나는 꽤 괜찮은 인간이 되기보다 칙칙하고 우울한 얼굴을 가진 사람이 되어가고 있었던 게다. 그리하여 내가 썼던 글들이 대개 까닭 모를 우수로 점철되고, 관념어로 문장을 얼룩지게 하였을 터, 글은 얼굴을 쏙 빼닮는 결과로 나타나고 말았다.

출구는 있는가. 오만가지 문제들로 고심할 때 오만가지의 좋지 않은 결과를 예측하면서 조바심했다. 앞에서도 말했듯이 쓸데없이 심각했다는 얘기다. 자다, 쉬다, 먹다, 티브이 보다, 글 쓰다, 그렇게 하루가 저물었다. 내일도 그렇게 살면 되는 것이다. 그런 하루들이 자꾸자꾸 내게로 와서 나의 남은 날들을 채워줄 것이니.

"그냥 마음 없이 살고 싶다." (-황동규 「쨍한 사랑 노래」 중에서)

월요일 오후 네 시 오 분

 비 시원하게 내린다. 한 줄기 비를 바랐더니 구름만 한 입 가득 물고 멈칫거리기다가 나흘이 지난 뒤에야 작살비가 내린다. 플라타너스가 비에 젖어서 생기가 넘치고, 도로와 자동차 바퀴의 마찰음도 파도소리처럼 다가오고 멀어진다. 월요일 오후 네 시 오 분이다. 별 생각 없이 문자판을 두들긴다. 그냥 있는 게 답답해서이다. 책이 나온 지 한 달 조금 지났다. 그동안 어디론가 책을 발송하고 인사 받고 인사했다. 그렇게 책과 관련된 일들을 무슨 숙제처럼 해냈다. 그 일련의 일들에 대한 생각은 많지만 그 일에 관해 쓰고 싶지는 않다. 또 책을 낼지도 모르고 다른 이들도 책을 묶고 보내고 하는데 그걸 그저 해야 할 일이라고 생각하면 된다.
 이쯤에서 내가 할 일은 다시 글쓰기를 시작하는 것이다. 좋은 나를 위해 울리는 것이다. 누구를 위해서가 아니다. 이 지리멸렬한 글쓰기를 왜 하느냐에 대한 대답은 타자를 향해서든 나에게든 할 말이 궁색하다. 그런 물음과 대답은 진력이 날만큼 거듭했다.
 방도가 없다. 일이 바쁜 월요일 오후의 잠시 조용한 이 시간,

문자판을 톡톡치는 이 무의미한 행위의 구차한 변명은 이래야 살 수 있다는 것이다. 양손을 합해서 겨우 서너 손가락을 사용하는 이 독수리 타법도 거듭되는 훈련으로 내가 생각해도 놀라우리만치 속도가 붙었다.

오전엔 꽤 괜찮은 수필 몇 편을 읽었다. 이혜연의 「고독의 조건」, 윤정혁의 「남향집」, 강기석의 「페르소나」들이다. 좋은 수필을 읽으면 많이 자극 받는다. 그것은 좋은 일이다. 깊이와 유머와 감동을 수필에서 읽는 날은 행복하다. 이 행복으로 오늘 하루는 충만하다.

그 금쪽 같은 시간에

06
그 금쪽같은 시간에

 이 연재의 제목이 '오후 네 시'이다. 글을 시작할 때 내 삶의 시간을 오후 네 시쯤이라고 생각했다. 내게 오후 여덟 시가 남아있고, 자정이 남아있다고 생각했다. 띄엄띄엄 글을 쓰는 동안도 시간은 흘러서 '오후 네 시'란 제목이 다소 뻔뻔스러워졌다. 오후 일곱 시가 맞으려나? 뭐 그렇다 해도 제목을 바꾸고 싶지는 않다.
 한 생애를 다함없이 살아낸 자에게 남아있는 나날, 혼신을 다해서 하루를 보내고 저녁을 맞이한 한 위대한 인간의 이야기를 하려한다. (여기서 '위대한'은 자긍심 같은 것이다.) 가즈오 이시

구로의 소설 『남아 있는 나날』을 읽었다. 주인공 스티븐스는 영국의 대저택에서 거의 일생을 보낸 일류집사이다. 스티븐스에게 '일류'는 매우 중요하다. 주어진 일을 완벽하고 성실하게 해내는 자가 '일류'이기 때문이다. 그러니까 '일류'와 '위대한'은 동의어인 셈이다.

스티븐스는 달링턴 홀의 집사이다. 그는 유능하고 충실했다. 수십 년 간 달링턴 경을 성심을 다해 모셨다. 달링턴 경이 죽으면서 미국신사를 새 주인으로 모시게 되는데 그 미국신사가 포드자동차를 내어주며 여행을 권한다. 이 책은 그래서 시작된 엿새 동안의 여행기이다. 사랑했지만 일이 먼저였으므로 떠나보낸 여인을 찾아가는 것이다. 여행을 하면서 스티븐스는 자신의 지나온 나날을 회상한다.

그는 자신이 임무를 완벽하게 수행한 위대한 집사였음을 애써 되뇐다. 달링턴 경이 히틀러에게 이용당했고, 결과적으로 스티븐스 자신도 히틀러의 조력자가 되었다는 인식을 어렴풋이 하게 되지만 인정하고 싶어 하지 않는다. 자신은 한 치의 어긋남도 없이 완벽하게 일을 해내는 집사였을 뿐이다. 그런 생각을 하는 스티븐스는 쓸쓸해 보인다.

여행의 마지막에 그리워했던 켄턴 양을 만난다. 긴 그리움 끝에 이루어진 짧은 만남은 기약도 없이 금방 끝나버린다. 일 때문에 사랑하는 여인을 떠나보내고 황혼을 맞은 스티븐스의 일생은 허망하다. 그토록 성실하게 살았으나 사랑도 명분도 놓쳐버린 것이다. 어떻게 견디겠는가.

그에게는 그러나 '남아 있는 나날'이 있다. 시간이 남아있다는 것이다. 이것이 핵심이다. 저물녘, 벤치에 우연히 함께 앉게 된 노신사가 스티븐스에게 말한다. "저녁은 하루 중에 가장 좋은 때요. 당신은 하루의 일을 끝냈어요." 스티븐스는 그 노인의 말에 위안을 얻는다. 그의 지나간 시간들은 그래서 보상을 받는다. '남아 있는 나날'이 그것이다.

스티븐스의 나이와 지금의 내 나이가 비슷할 성 싶다. 나의 시간도 저녁인 게다. 저녁은 하루 중 가장 좋은 때라고 했다. 일류가 아니면 어떠랴. 오후 네 시나 저녁이나 무에 그리 다를까. 중요한 건 뭔가를 할 수 있는 시간이 남아있다는 것이다. 그 시간을 내가 어떻게 사는가가 이제까지 어떻게 살았는가를 상쇄할 수 있다면?

스티븐스는 새 주인을 잘 모시기 위해서 '농담'을 연습하겠다고 마음먹는다. 위대한 집사로서 남은 임무를 성실하게 수행하겠다는 것이다. 그것은 그의 신념이다.

나는? 나는!

남아 있는 나날에 무얼 해야 하나. 어떻게 살아야 하나. 나의 저녁에, 하루의 일을 끝낸 가장 좋은, 어쩌면 가장 아름다울 그 시간, 그 금쪽같은 시간에 내가 하고 싶은 건 무언가.

내 사랑아

사랑이 사라진 건, 아니 사랑이란 감정이 사라진 건 순식간이었다. 그 사랑이란 놈이 대체 언제 사라진 건지 알 수가 없다. 수많은 시로 노래하던, 그 노래를 들으며 그토록 설레던, 그토록 떨리던, 그토록 아프던 그 사랑이여, 대체 어디로 갔나.

내 언제 사랑했던가. 언제 이별했던가. 언제 기뻤고 언제 슬펐던가. 더 늦기 전에 (이미 너무 늦었나?) 감히 '사랑'을 말하노라. 유장한 서사시가 아니라 몇 줄 산문으로 웅얼거리려 하노라. 어느 드라마의 제목이었던 '이 죽일 놈의 사랑'도, 임재범의 노랫말인 '전쟁 같은 사랑'도 아니었다. 『좁은 문』의 알리사 나이 때부터 내가 사랑이라고 생각했던 건 이른바 '플라토닉'이었다. 그건 그 나이 때의 일이다.

사랑이 지고지순도 아니고 그리 예쁘지도 않으며 더구나 숭고한 것도 아니란 걸 머지않아 알았다. 그즈음에 온 사랑은 고통스럽고 아프고 어쩌면 운명 같은 것이었다. 그리고 그것은 일생을 관통하며 나를 지배해왔다. 마침내 그건 더 이상 아무 것도 아닌 게 되어버렸다.

사랑이 사라져버린 것이다. '희미한 옛 사랑의 그림자'도 찾을 수가 없다. 그래서 어떤가. 참 편안하다. 더 이상 사랑 때문에 고통스럽지 않아도 된다. 설레지 않아서 서운하냐고? 물론 서운하다. 하지만 이제 나는 개별적 인간이 아니라 의미 그대로의 인간을 사랑할 수 있고, 세계를 사랑할 수 있으며, 온갖 것이 다 불쌍해서 울 수가 있다. 사랑, 그 고색창연한 인류의 명제도 세월 따라 가버렸다. 다시 붙잡을 어떤 끈도 없다. 속이 다 시원하다.

김훈은 "모든, 닿을 수 없는 것들을 사랑이라고 부른다. 모든,

품을 수 없는 것들을 사랑이라고 부른다. 모든, 만져지지 않는 것들과 불러지지 않은 것들을 사랑이라고 부른다."라고 그의 산문 「바다의 기별」에서 말했다. 여기에 사랑은 모든, 떠나보낸 것들, 모든, 흘러가버린 것들이라고 덧붙이고 싶다.

그냥

그냥 또 하루가 간다. 저물녘이다. 하루가 간다고 쓰면 될 문장에 붙은 '그냥'은 무엇인가. 뭔가 마음에 차지 않는, 그 무엇인가가 결여된 느낌이 절로 표현된 것이다. 이 하루에 무슨 불만이 있다는 겐가. 오늘도 하루를 열어주셔서 감사합니다. 나의 신께 고개 숙이고 출근을 했다.

점심시간에 아리아나 호텔 2층에 있는 냉면집에서 문우들과 냉면을 먹었다. 냉면을 먹기 전에, 먹으면서, 먹고 나서도 우리는 문학 언저리를 맴돌았다. 더 나아지지도 않고 더 나빠지지도 않는 지리멸렬한 수필이야기, 수필 쓰는 사람들 이야기, 돌아오면서 그런 이야기 그만해야겠다는 생각을 했다.

좀 전에 읽은 백임현 선생의 「사생활의 역사」는 감동적이다. 역시, 수필은 이러해야한다는 생각이 든다. 담담하게 서술하는 소소한 이야기에서 전해지는 깊은 울림, 수필은 그저 자기고백의 문학인 게다.

내가 거기에 못 미치고 있다는 자각이 '그냥'의 실체다. 제대로 된 글 한 편 쓰지 못했다는 불편한 진실이, 그 낭패감이 '그냥'을 만들어냈다.

07
떠남 그리고 밤

 안개 때문에 비행기가 뜨지 못한다고 한다. 기다릴 수밖에 없다. 수많은 사람들 속에서 그 부산함과 웅성거림, 폭발할 것 같은 짜증들 속에서 나는 용케도 편안하다. 나는 홀로 고요하다.

 마침내 나는 떠난다. 오, 나는 떠난다. 내가 있던 곳에서 어디론가. 집에서 나온 지 여러 시간이 되었으니 이미 과거형이다. 그래, 나는 떠났다. 거기가 어디든 무슨 상관이랴. 길을 나선 것이다. 내가 길 위에 서 있다. 다리에 힘을 주고 신발끈을 매고 나 여기에 있다. 내가 있던 곳, 내 집, 내 일터가 고통도 갇힘도 아니었

건만 여간해서 시간을 낼 수 없다는 것에 내 자유는 속박되어 있었던 게다. 하여 떠남, 사람들, 풍경들, 길, 모든 게 다 좋다.

기다리는 동안 이어폰을 끼고 내가 좋아하는 임태경의 노래를 듣는다. 눈을 감고 상상에 빠진다. 무대에서 모차르트 분장을 한 임태경이 열창을 한다. '나는 나는 음악'을 부르고 있다. "~ 나는 장조 나는 단조/ ~나는 박자 나는 쉼표/나는 하모니~" 모차르트의 환희와 고뇌를 혼신을 다하여 토해낸다. 옆 자리에는 낯선 신사가 앉아있다. 나는 앞에서 세 번째 줄 가운데에 앉아있다. 곡이 끝나자 청중들이 환호한다. 임태경은 멋지다.

"엄마, 일어나세요. 줄서야 돼요."

내 귓속에서 뮤지컬은 끝나고 말았다.

밤이다. 특별한 밤이다. 몸은 지쳤으나 뇌리는 맑다. 나가사키 성지는 고통과 슬픔에 함몰되지 않고 의연하고 경건한 역사가 되어 있었다. 그 지나간 시간들을, 그 지난한 고통과 환희를 생각하며 하루를 참 넘치게 보냈다. 그리고 밤이다. 작고 깨끗한 방, 편안한 조명, 나는 오직 하나의 영혼, 하나의 섬이 되었다. 온갖 것을 다 놓아버리고 나 여기 혼자 있다. 내가 키운 꼬맹이들이 이제 내 보호자가 되어서 아래층에 있다. 이렇게 하고 저렇게 하라고 나를 채근할 때 아이들은 듬직하다.

방은 고요하다. 나는 밖이 궁금하지 않다. 하지만 커튼의 밑자락을 들추어서 얼굴을 내밀고는 이쪽저쪽 밖을 살핀다. 건물들이 수많은 창으로 불빛을 내보내고 있다. 자동차들은 다 어디로 갔는지 도로가 비어있다. 익숙한 정경이다. 세상은 어디나 같다. 사람 사는 곳이다. 그런 생각이 드니 더 편안하다.

작은 방, 까만 밤, 내가 꿈꾸던 공간 그리고 시간이다. 밤이고, 머리가 점점 맑아지는 밤이고, 모처럼 두통이 없는 밤이고, 혼자 있어서 매우 좋은 밤이다. 이 작은 방은 내일이면 돌려주어야 한다. 저녁밥을 먹지 않아서 빈속이 되니 몸도 혼도 좀 더 정갈해진 느낌이다. 침대에 앉아서 나오는 대로 문장을 아니 글자들을 쏟아내고 있다. 종이에 미끄러지는 만년필의 촉감이 참 좋다.

낮 동안은 떠난 일이 순례이고 여행이기에 발바닥과 종아리와 무릎이 아프도록 걸었다. 많은 것들을 보았다. 중세의 유적들, 그건 그것대로 종교적으로 역사적으로 의미가 있으며 기억해야 할 일이지만, 이 시간의 나는 이 작은 방과 고요와 홀로인 내가 의미 있다. 나는 존재한다. 한 개의 작은 점으로 명료하게 존재한다.

참으로 아까운 시간이고 귀한 공간이다. 편안한 옷을 입고 맨발로, 옆구리의 통증을 간헐적으로 느끼며 나는 여기에 있다.

아이들이 노크를 하더니 밖으로 나간다고 한다. 밤이 되어도 아이들은 돌아다니기를 좋아한다. 청춘들이다. 다시 이어폰을 꽂는다. 남성합창곡이다. 장중하다. 미국민요 '언덕 위의 집'을 듣고 '클레멘타인'을 듣는다. 노랫말은 아름답고 화음은 기가 막히다. 노크! 녀석들이 기어코 내 밥을 사가지고 왔다. 먹어야지.

장 그르니에 그리고 카뮈

잠이 오지 않는 밤이면, 지쳐서 책도 읽을 수 없는 밤이면, 소설가 김영하의 '책 읽는 시간' 팟캐스트를 듣곤 한다. 듣고 있다가 스르르 잠이 들기도 한다. 에피소드 6, 장 그르니에의 「섬」을 소개한단다. 반갑다. 나는 장 그르니에를 정말 좋아한다. 그의 문장을 좋아한다.

김영하는 카뮈가 쓴 『섬』의 서문(섬에 부쳐서)을 최고의 명문장이라고 한다. 그가 차분한 음성으로 『섬』의 서문을 읽기 시작한다. 나도 이 서문을 여러 번 읽었다. 서문에서 카뮈는 그르니에의 문장을 읽는 기쁨에 들떠서 환호하고 열광적인 신뢰를 보내고 있다. 막연하게 글을 쓰고 싶어 하던 스무 살의 카뮈는 『섬』을 발견하면서 글을 쓰겠다는 결심을 하게 되었다고 한다.

그리하여 스승보다 더 유명해졌음에도 카뮈는 20년 동안 스승의 모든 저서를 읽고 또 읽었다. 카뮈는 자신이 언제나 그르니에의 새로운 독자 중의 한 사람이기를 희망했다. 서문의 마지막 단락을 여기 옮겨본다. "나는 아무런 회한도 없이, 부러워한다. 오늘 처음으로 이 『섬』을 열어보게 되는 저 낯모르는 젊은 사람을 뜨거운 마음으로 부러워한다." 『섬』을 껴안고 자신의 방으로 달려가던 젊은 날의 그 설렘을 오늘 느끼게 될 젊은이들이 카뮈는 부럽다는 것이다. 오호!

카뮈는 스승의 책인 『섬』의 서문을 썼고, 그르니에는 제자인 카뮈가 죽은 후에 『카뮈를 추억하며』란 책을 펴냈다. 더할 나위 없다.

숭고

'이철수 판화전'에 갔다. 좀 오래 전에 지금은 고인이 되신 김시헌 선생님께서 『배꽃 하얗게 떨어지던 밤에』를 주셨다. 선禪을 주제로 한 이철수 판화산문집이었다. 간결하고 선명한 판화가 품고 있는 가늠하기 어려운 깊은 사유와, 몇 줄 안 되는 짧은 글에 담긴 명징한 의미에 감탄했었다. 선문답, 툭툭 던져진 화두, 내 글은 어쩌나, 이리도 말 많은 내 글들은 어쩌나, 말도 안 되는 비교로 좌절했다.

여러 해 뒤 대구에서 '이철수 판화전'이 열렸다. 천천히 감상하고 화집을 한 권 사왔다. 작품 중에 '하늘 이고 저물도록'이 있었다. 밭고랑을 지문형태로 정교하게 빚어내었다. 노동의 절실함, 그 밭을 경작하는 이의 노역이 그대로 땅에 지문으로 새겨진 듯해서 눈물이 핑 돌았다. 거기에 이런 글이 함께 있다. "저물도록 일했습니다. 이제 들어가자고 아내와 남편이 서로 부릅니다. 밥은 달고 잠은 깊을 겁니다." '밥은 달고 잠은 깊을 겁니다.'를 나는 무수히 뇌고 또 뇌었다. 이 판화에서 내게 건너온 낱말은 '숭고'였다.

08 봄빛

 흐리다. 바람에 미세먼지가 많이 섞였다. 나무도 강도 사람도 목이 마르다. 오래 가물었다. 봄빛이 멀지 않은데 대체 저 나무들은 물을 길어 올리고 있는지 모르겠다. 비단바람이 불고 비가 촉촉이 내려야하는데, 그래야 잎눈 꽃눈이 고 작은 눈을 뜨고 빤히 내다볼 텐데 전체적으로 바스락하니 무채색이다.
 내 글쓰기도 빛깔을 찾지 못한다. 물론 날씨 탓은 아니다. 영양실조이고 무기력이다. 무엇이든 먹어야한다. 그래서 기운을 차려야 한다. 문학적 영양실조는 생각하건대 읽기와 쓰기와 느끼기의 결핍인데 글고랑에 퍼질고 앉아서 멍하니 앞만 바라보고 있다. 머리와 가슴이 텅 비었다.

　출근길에 신천을 바라보는 게 낙이라면 낙이다. 물이 혼탁하여 번번이 기대를 저버리지만 그래도 거기에 오리들이 헤엄치고 다닌다. 백로들이 홀로 또는 무리지어 날고 머문다. 강둑에 서있는 버드나무는 겨우내 긴 가뭄에도 용케 몸을 적신 것 같다. 가느다란 가지들에 연둣빛이 보인다. 강변 검불들에서도 푸름푸름 봄기운이 느껴진다. 날갯짓하는 백로들, 봄물 머금은 버드나무, 검불더미에서 눈치 챈 봄빛, 생명은 오직 살아가는데 혼신의 힘을 쏟아 붓는다. 어떻게든 살아남는 게 생명 있는 존재들의 숙명이며 사명이다. 살아있음은 그 자체로 숭고하다.

　존재의 아름다움을 생각한다. 긴 의자에 홀로 앉아서 흐르지 않는 강을 바라보는 노인의 쓸쓸한 뒷모습도, 강 건너 나무들 아래를 자전거를 타고 지나가며 멋진 그림 한 점을 그려내는 젊은 이도, 앞으로 나온 배를 툭툭 치면서 걷는 중년도 모두 아름답다. 속속들이 들여다보면 눈물이 쏟아질 만큼 아프기도 하겠지만 우리는 그 모든 걸 안고도 오늘을 살아낸다. 그리고 내일이란 시간을 기다린다.

봄빛이 좀 더 가까워지고 몇 차례 봄비가 내려서 신천에 물이 넘실거리면 참 좋겠다. 검불더미 사이로 연둣빛 이파리들이 많이 보였으면 좋겠다.

幻

 문예지 한 권이 왔다. 늘 있는 일이고, 문예지도 많아서 예사롭게 목차를 살폈다. '다시 읽는 좋은 수필' 꼭지에 이태준의 「책」이 눈에 띈다. 책을 쥔 손에 힘이 들어갔다. 아시다시피 그 도입부가 진수다. "책만은 '책'보다 '冊'으로 쓰고 싶다. '책'보다 '冊'이 더 아름답고 더 책답다." 한자를 그다지 좋아하지 않지만 이 문장에는 전적으로 공감해서 오랜 전에 '숲의 幻'이란 글에 인용한 적이 있다. 이 글의 제목 '幻'도 한글 다음에 한자를 괄호 안에 넣어야 하는데 그러지 않고 그대로 쓴다. 이야기가 다른 데로 가버렸다. 이 두 문장에 반해서 외면서 다녔던 기억이 새롭다.

 그 아래 언젠가 내가 대하소설이 되고도 남을 글이라고 소개하고 전문을 쪼개어가며 속속들이 감상했던 김기림의 「길」이 있다. 대체 이 짧은 글에 어찌 이토록 많은 내용을 담을 수 있을까. 산문시라고도 하고 수필이라고도 하지만 본시 김기림의 산문집에 있던 작품이어서 수필로 여기고 있다. 아무튼 함축하고 있는 내용이 유장하다. "나의 소년시절은 은빛 바다가 엿보이는 그 언덕길을 어머니의 상여와 함께 꼬부라져 돌아갔다."의 첫 문장부터, "~나는 지금도 돌아오지 않는 어머니, 돌아오지 않는 계집애, 돌아오지 않는 이야기가 돌아올 것만 같아~"의 마지막 단락까지 낱말 한 개, 문장 하나가 사무치도록 유정하고 애가 탄다.

그리 쓸 수도 없고 닿을 수도 없으니 내게는 새벽안개에 쌓인 신비로운 호수 같은 幻의 세계인 것이다.

글쎄

나보고 당신도 일 마치고 산촌에 살아보라고 한다. 수필가 ㄱ선생이 수필집 『젊은 생명이다』를 보내주었기에 그 삶이 부럽다고 내가 회신을 했다. 그랬더니 죽죽 뻗은 나무들, 그 초록, 그 신선함, 나무들 사이로 온갖 새들이 날아다니고 선선한 바람이 이제 막 불어와서 거기 사는 여인의 머리카락과 얇은 치맛자락을 나부끼게 할 것 같은 느낌의 사진을 보내주면서 그리 말하였다.

계획대로라면 나는 벌써 남편의 고향에서 작은 집을 얻든가, 짓든가하여 살고 있어야 한다. 그게 마음먹은 대로 될 턱이 없다. 나는 여전히 밥벌이에 몰두하고 있다. 그렇다고 내가 그날 벌어서 그날을 살아야하는 분들의 노고에 내 노역을 갖다 댈 생각은 없다. 그분들을 생각하면 내가 감히 밥벌이를 하고 있다고 그래서 하고 싶은 일을 못한다고 말할 염치가 없다. 그럼에도 불구하고 나는 산촌에 가서 조용히 살고 싶다. 그 열망은 그러나 늘 내 속에서 일어나고 또 잦아들곤 한다. 하릴없다.

산촌은 꿈도 꾸지 않으련다. 다만 계곡물에 발을 담그고 싶다. 맑고 찬 물이 바윗돌을 돌고 풀숲을 돌아 기운차게 내려오는 그 어디쯤에 앉아서 한나절 그러니까 꼭 한나절을 발 담그고 앉아있고 싶다. 왜 못하느냐고? 그걸 왜 못하냐고? 글쎄.

순례자

　사람과 사람 사이, 일과 일 사이의 토막 난 시간들을 이어붙이며 책을 읽는다. 수필가 조낭희가 쓴 『산사 가는 길』을 하루에 딱 한 꼭지씩만 읽는다. 그가 한 번에 한 곳을 찾았을 것이므로 나도 그렇게 하겠단 생각이다. 팔공산 갓바위를 시작으로(제목이 아니라 장소다. 제목은 따로 있다.)하여 하루에 산사 한 곳을 그의 걸음을 따라 간다. 내가 가 본 사찰도 많은데 그를 따라, 그의 시선과 마음, 정신을 가늠하며 새로이 걷는 간접 순례가 내게 주는 느낌이 특별하다. 그동안 참 좋은 몫을 하고 있었구나. 그는 깊고 넓은 사람이구나, 경건한 사람이구나. 그의 문장을 읽으며 눈으로 마음으로 나 또한 순례자가 된다. 그 길에 소쇄한 바람소리가 나는 것도 같다. 청랑한 풍경소리가 들리는 것도 같다.

　나는 또 이난호의 『아홉 번 떠났다. 산티아고』를 읽는다. 이 책도 하루에 한 꼭지만 읽는다. 그가 몇 년 전에 쓴 『카미노 데 산티아고』를 감명 깊게 읽었다. '성 요셉의 길'을 여덟 개의 루트로 순례한 신앙적 수필이다. 나는 그 책을 '내 생애의 책 100권'에 넣었다. 죽을 때까지 소장하고 아이에게 물려주겠다는 뜻이다. 아홉 번째 순례를 떠난 그는 일흔다섯 살이다. 경이롭다. 그 용기와 의지, 신앙심과 체력이 다 그렇다. 그의 문장은 거침이 없고 생동감이 넘친다. 그는 어려울 때마다 '위쪽'(하느님)에다 바로바로 말하고 따지곤 하지만 결국은 순명한다. 문장이나 마음에 꾸밈이 없다. 그 솔직함이 참으로 마음에 든다. 내 죽었다 깨어나도 그리 쓸 수 없을 것 같다.

이 두 가지의 전혀 다른 순례기를 읽는 내 마음은 그러나 다르지 않다. 두 가지의 길이 하나의 길이 된다. 마음의 순례자가 되어 함께 걷는 동안 나는 참으로 겸허해진다. 한모금의 샘물 같은, 한 줄기 바람 같은 신선한 감동이 나를 고요히 감싼다.

09
그리고 또 술, 블랙러시안

전화를 드렸다, 문득 생각난 것처럼. 몇 해 전 선생께서 내게 블랙러시안을 만들어 마시라고 까루아와 보드카를 보내셨다. 뵈어야겠다는 생각을 했으나 그 사이에 계절들이 획획 지나갔다. 연로하시다. 그리고 좀 멀리 계신다. 하지만 수성못에서 뵈어야겠다는 생각을 바꿀 수는 없었다. "선생님, 수성못 호반 괜찮으시겠어요?" 선생께서 흔쾌히 그러마고 하셨다.

초여름 저물녘, 호반은 바람이 싱그러웠다. 호수는 잔잔한 물무늬를 풀어놓았다. 선생은 바깥 홀 화단 곁에 놓인 돌탁자에 앉아계셨다. 세월이 선생의 어깨 위에 묵직하게 얹혀있었다.

선생은 유쾌하셨다. 어깨에 무겁게 얹힌 세월을 가볍게 내려놓으셨다. 고목나무와 호수와 난간에 만개한 장미꽃을 기꺼워하셨다. 1970년대 팝이 흘렀다. 고목나무를 바라보시던 선생이 영화 '바람과 함께 사라지다'에 나오는 나무와 매우 흡사하다고 하셨는데 나는 그 장면이 생각나지 않았다. 하여 크라크 케이블이 이랬고 비비안리가 저랬다고 주섬주섬 늘어놓았다. 블랙러시안 두 잔이 나왔다. 선생은 사위가 오면 이 칵테일을 만들어 내놓는다고 하시며 집에 까루아와 보드카가 떨어지지 않는다고 하셨다.

블랙러시안은 역시 맛이 있었다. 그 달짝지근한 술은 멋지다. 선생의 사는 이야기, 여행 이야기가 과자안주보다 맛있었다. 선생은 스코틀랜드 민요 '불어라 봄바람'의 영문가사를 읽으시고, 영시英時도 한 편 외셨다. 젊으셨다. 여든이 넘으셨는데 감성은 청년 같았다. 그 흥취를 그대로 묻히고 선생은 귀가하셨다. 기뻐하셔서 나도 기뻤다.

블랙러시안, 처음 맛보았을 때 경이로웠다. 그때의 나는 젊었었다, 서른 해쯤, 아득하다. 그때 내 앞에 앉아서 잔을 마주하던 이의 근황을 모른다. 시간이 그를 데려갔고, 나를 데리고 왔다.

근황을 모르는 채로 좋다. 가벼워졌으니까, 혼자 마시면 더 향기로우니까. 일 년에 한 번쯤 이 호사를 누린다. 그 즐거움을 덜어내지 않으려고 자주 하지 않고 한 잔 더 하지 않는다. 귀하게 여겨야 오래 좋아할 수 있다.

걱정인형

후배가 자동차를 타고 지나가면서 인형을 주고 갔다. "걱정인형입니다." 그 말을 듣고 보니 걱정인형이란 말을 들어보았던 기억이 났다. 그 인형에게 내 근심거리를 다 털어놓고 맡기면 인형이 나를 대신해서 걱정을 하고 나는 그걸 내려놓아도 된다는 것이다. 지극히 인간중심적인 발상이지만 신기하게도 정말로 그럴 것 같다, 그러면 좋겠다는 생각이 들었다. 인형을 선물로 받은 게 기쁘고 그리 마음을 써준 후배가 많이 고마웠다.

인형에도 캐릭터란 것이 있고, 유명한 것은 값이 상상을 초월한다고 한다. 어떤 캐릭터인지 모르는 채로 그 면모를 소개한다.

인형은 손안에 들어올 만큼 조그마했다. 빨간 체크무늬 원피스에 레이스가 달린 하얀 앞치마를 입은 고것은 구불구불한 갈색머리를 두 갈래로 나눠서 높이 묶고 패랭이꽃 모양의 핀을 양쪽에 꽂았다. 날씬하고 긴 다리에, 예쁜 발은 빨간 구두를 신었다. 고개하도 예뻐서 일터 책상머리에 놓아둔 채 눈을 맞추곤 하였다.

  오, 그러나 인형을 곧 놓쳐버리고 말았다. 예닐곱 살쯤의 여자아이가 엄마를 따라와서 내가 조제실로 들어간 사이에 고걸 만지며 놀고 있었다. 아이는 간절해 보였고 아이엄마는 작은 인형이니까 별 생각이 없어보였다. "너 갖고 싶니?" 아이가 고개를 끄덕였다. 그 마음 모른 척 할 수 없어서 주었다. 그 아이 헤헤 웃으면서 갔다. 그랬으면 그만이지 두고두고 섭섭하였다. 일부러 주고 간 후배에게 미안하고, 인형이 해야 할 걱정을 내가 대신 하게 될지도 모르겠다는 별 희한한 생각도 들었다.

지적 희열

『모든 것은 빛난다』를 오래 읽었다. '-허무와 무기력의 시대, 서양고전에서 삶의 의미 되찾기-' 란 두어 줄의 발췌가 표제 아래에 붙어있다. 뭐라고 요약할 수 없을 만큼 난해한 책이다. 난해한 책을 읽을 때는 고집 같은 게 생긴다. 읽어내고 말 테다.

서울에 사는 문우를 만났는데, 내게 줄 것이 없다며 주변을 살피더니 읽고 있던 책을 책갈피가 꽂힌 채로 건네주었다. (그는 늘 뭘 주고 싶어 한다. 언젠가는 새끼손가락에 끼고 있던 반지를 빼 주었다.)

문학과 철학과 신학(호메로스, 단테, 데카르트, 예수, 칸트, 니체, 루터, 멜빌 등등에 대한 해석), 신과 신들 그리고 인간을 통찰한, 넓고 깊은 내용이다. 한 쪽 한 쪽 느리게 읽혀진다. 이런 책에서 얻는 것은 내가 이미 읽은 책들에서 미처 읽어내지 못한 의미들을 발견하는 것이고, 그런 순간에 일종의 지적 희열을 느끼는 것이다. 지적 유희, 지적 허영이 포기하지 않고 끝까지 읽게 한다. 다 읽었는데 문장이 주던 순간순간의 열락은 사라지고 아무 것도 거머쥐지 못한 듯 허전하다. 그 시간이 그러나 영 무의미하지는 않을 터.

젊었을 때 읽다가 포기한 멜빌의 『모비 딕』을 읽기 시작했다. 시간이 많이 걸릴 것 같다. 호메로스의 『오디세이아』도 정독해야겠다. 그래야 『모든 것은 빛난다』가 펼쳐놓은 방대한 내용의 연결고리가 보일 것 같고, 그 말하고자 하는 삶의 의미를 조금이나마 알아들을 수 있을 것도 같다.

책이 책을 가져다준다. 읽기는 그래서 부단히 이어지고 죄도 없는 내 눈은 고생을 한다.

왜 안 될까?

"하고 싶은 일 하고 하기 싫은 일 하지 않고, 먹고 싶은 것 먹고 먹기 싫은 것 먹지 않고~ 하하하" 문자로 옮겨 놓으니 느낌이 덜 하다. 그가 말할 때 그 자신만만하고 호탕(여성에겐 과한 표현인가? 언어에 그리고 모든 경우에 성性은 무관하지 않을까?)한 목소리와 표정을 듣고 보아야 실감이 날 것인데…….

이 말은 내게 하도 충격적이어서 다른 글에서도, 지인들과의 대화중에도 여러 번 인용하였다. 살 날이 얼마나 남았다고, 하기 싫은 일 하고 먹기 싫은 걸 먹겠냐는 것이었다. 맞는 말이다. 맞는 말인데 그렇게 살 수가 없다. 그 말을 한 그도 아마 말처럼 하고 살지는 않을 것이다. 관계라는 것, 정황이라는 것, 인정이라는 것, 의무와 책임감, 그리고 통념과 관례, 그 모든 것으로부터 자유로울 수가 없다. 그 말이 그래서 내게 무슨 대단한 좌표 같은 것이 되었다.

해도 괜찮고 마음만 먹으면 할 수도 있는데 못하는 일들이 적지가 않다. 이를테면 가실성당에서 한티성지까지 걷기, 전북 김제에 가서 지평선 바라보기, 조조할인으로 예술영화 보기.(지난 추석에 영화 보러갔다가 "제인 에어" 포스터를 봤다, 영화평론가의 해설과 비평도 함께 한다. 수요일 조조할인) 사소한 것들이다. 그게 왜 안 될까?

10
포행

 오래 전, 그러니까 사십 년도 더 전에 산사에 두어 달 머물렀던 적이 있었다. 작은 암자다. 지금도 그렇지만 내가 어딘가에 머물러야 한다면, 아니 머무르고 싶다면 그곳은 깊은 산속에 자리한 고요한 절집이다. 그건 내 신앙하고는 별개 문제다.

 그 두어 달은 천금 같은 시간이었다. 거기 작은 승방에서 밤이 깊도록 책을 읽고, 새벽이면 겨우 일어나 예불에 참예했다. 스님들의 독경소리를 들으며 미동도 없이 앉아있는 동안 나는 적요寂寥 속에 들었다. 평화로웠다. 하지만 그때 뭘 알았으랴.

스님들은 그런 나를 그냥 두었다. 저 아이가 왜 여기에 있으려고 하지? 처음의 그 의문을 거두지 않았을 터, 건드리지 말고 지켜보자 하였겠다. 아무튼 예불이 끝나고 아침공양(절밥, 별 양념도 없는 반찬들과 그 밥이 참 맛있었다.)을 하고나면 숲길을 걸었다. 스물셋의 그 겨울, 울퉁불퉁한 길을 내려가고 숨 가쁘게 올라오는 동안 내 영혼은 맑고 투명하였으며, 몸은 건강하였다. 어느 날, 내가 뛰어 내려가고 뛰어올라오는 걸 본 또래의 정주스님이 천천히 걸어보라 하였다. 걸으며 하늘도 보고, 나무도 보고, 소리도 들으라했다. 마음의 짐을 내려놓고 느릿느릿 걷는 것, 그것을 불가에서는 포행布行이라 한다고 일러주었다. 포행, 물론 나는 그 뜻을 알아듣지 못했다. 그런 채로 그 말은 굉장히 매력적으로 와 닿았다.

스님들이 우려했듯이 나는 혼자 절집을 찾아와서 머물겠다고 사정을 한 뭔가 미심쩍은 여학생이 아니었다. 학교를 졸업했고 예정된 직장에 출근할 때까지 있을 곳이 마땅찮았을 뿐이었다. 물론 세상을 짊어진 듯 잔뜩 무게를 잡은, 고뇌에 찬 청춘이긴 했다. 커피가 없고 그래서 커피를 더 마시고 싶었고, 이따금 아랫동네가 몹시도 궁금했다. 하지만 돈을 아껴야했고, 길도 멀었다.

남아있는 돈으로 첫 월급을 받게 될 4월까지 버텨야했다. 지극히 현실적인 이유로 깃든 암자에서 나는 고요하면서 풍요했고, 외로우면서도 행복했다. 새벽예불 때의 경건함이, 숲길을 천천히 걸으며 겨울나무들의 벗은 가지들을 올려다보던 그런 시간들이 나는 정말 좋았다. 새소리와 바람소리들이, 얼음장 아래를 흐르는 물소리에 귀를 기울이던 그런 날들이 나를 키웠다.

얼마 전에 텔레비전 예능프로그램에서 출연자들이 참선을 마친 다음 스님과 숲길을 걸었다. 스님이 '포행'을 말했을 때 불현듯 산속 암자에서의 한때를 떠올렸다. 새벽마다 범종을 치면서 청아한 목소리로 아침 종성鐘聲을 울리던 '파르라니' 깎은 머리의 젊은 비구니 정주스님의 근황이 궁금했다.

행여 정주스님을 만날 수 있다면 함께 포행을 하자고 부탁드리고 싶다. 우거진 나무숲 속 오솔길을 나처럼 늙었을 스님이 저만치 앞서 걸어가고, 나는 그 뒤를 느린 걸음으로 따라가면 좋겠다.

낙숫물소리

 잠이 오지 않는 밤이면 작은 소리도 들이지 않으려 귀막이용 스펀지를 쓴다. 지난밤 적막 속에서 잠자리에 들었다. 밤새 비가 내렸나보다. 신천에 황톳물이 콸콸 흐른다. 세찬 빗소리도, 우르르 꽝꽝했다는 천둥소리도 듣지 못했다. 불화로 같던 여름 끝에 대지를 두들기는 빗소리를 놓친 아쉬움이 크다. 빗줄기 소리, 신천의 물 흐르는 소리를 듣기 위해 하룻밤 잠을 버렸어도 좋았으련만. 거북이걸음을 빌려서 출근을 하고는 자우룩 내리는 비를 내다본다. 오, 비여! 눈을 뗄 수가 없네.

 어제는 빗속을 달려 경주엘 갔다. 보문호가 내다보이는 레스토랑에서 40년 지기 친구들을 만났다. 곡절이야 어찌되었든 세월이 우리들을 굽이굽이 스쳐가고, 머물러서 희한하게도 또 당연하게도 어슷비슷 나이 들어 보였다. 적당히 늙었고 그저 그렇게 느려졌다. 말소리는 체면 없이 높아지고 순서도 없는 수다가 뒤섞였다.

 보문호는 비안개에 가리어서 파스텔톤으로 흐렸다. 문득 그 너

머에서 우리들의 젊은 날들이 여러 폭 수묵화처럼, 몇 장의 흑백 사진처럼 흐릿하니 보이는 것도 같았다. 빗물을 받아 마시는 보문호와 기꺼이 젖고 있는 나무들은 부옇게 뭉개져서 몽환적이었다. 나무숲 사이로 난 산책길이 비어있었다. 다 놓아버리고 거기에 묻히고 싶었다. 불현듯 버지니아 울프가 생각났다. 그가 걸어 들어가던 부연 안개 속 피안이 떠올라서 많이 아렸다.

비에 젖는 풍경이 너무 좋아서 하염없이 내다보고 있다. 세상이 몸을 씻는다. 지상의 모든 생명들이 목을 축인다. 햇빛막이, 빗물막이로 붙여놓은 차양에서는 연신 빗물이 떨어진다. 유년의 집 처마가 생각난다. 여름날 소낙비가 내리면 처마에서 물 알갱이들이 끝도 없이 떨어졌다. 큰물질까봐 근심하시며 종일 하늘을 올려다보시던 할아버지가 그립고, 그때 사랑채 처마에서 똑 똑 똑 떨어지던 낙숫물소리가 그립다.

도회지의 이 차양이 그러나 영 섭섭하지는 않다. 옛 처마에 비할 바는 아니지만 이리도 비가 내리는 날이면 나름의 운치가 있다. 어제 만난 친구는 눅눅한데다 우산을 들어야 해서 비 오는 날이 싫다고 했다. 우산에 비 듣는 소리가 나는 좋은데. 창문에 주르륵주르륵 흘러내리는 빗물을 넋 놓고 바라보는 게 나는 좋은

데. 이 저급한 감상은 저를 품은 내가 나이 든 줄을 모르는가.

옴팍하니 패인 웅덩이에 빗물이 고여 있다. 거기에 빗방울이 떨어지며 작은 동그라미들을 무수히 만들어낸다. 비여! '한 닷새 왔으면' 좋겠네. 부디 쓸어가지 말고, 어둠침침한 지하에 감당 못할 물로 흘러들지 말라. 어느 문지방 낮은 집 살림살이를 못 쓰게 하지 말고, 행여 강둑을 넘보지 말라. 다만 이슬비나 가랑비로 저 나무들과 꽃들과 돌멩이들과 나를 적셔라.

각설하고, 낙숫물소리를 들으련다. 문장보다 그것이 더 귀하니.

그럭저럭 살자

'그럭저럭 살아라' 아침에 들은 TV강의 제목이다. 건강을 포기해라. 마음 편하고 몸 편하게 하라. 먹는 즐거움이 얼마냐. 먹고 싶은 대로 먹고 열심히 운동해라. 건강정보에 혹하지 말라. 뒤로 걷는 게 건강에 좋다고 해서 어설프게 뒤로 걷다가는 자빠져서 머리 다친다. 아침밥은 먹는 게 좋으냐고 물으면 형편대로 하라고 대답한다. 등등의 우스갯소리 같은 내용인데 공감이 간다. 특히 '마음 편하고 몸 편하게'란 제안이 와 닿는다. 몸은 몰라도 마음 편하게는 마음먹으면 될 것도 같다. 마음 편하게 살자. 그래, 마음 편하게 살자, 그럭저럭 살자.

어떤 사람

11
어떤 사람

 토요일 오후, 복잡한 동성로에 앉아서 달팽이를 생각한다.
 얼마 전 대구미술관으로 올라가는 계단에서 달팽이를 만났다. 태어난 지 며칠 되지 않은 것 같았다. 등껍질이 갓난아기 손톱마냥 얇고 투명했다. 살며시 잡아서 계단 옆 풀숲에 놓아주었다. 그것이 내내 눈에 밟혔다. 그 작은 달팽이는 살았을까.
 만나기로한 시간보다 한 시간쯤 일찍 도착했다. 시간을 보내느라 배회하다보니 나무벤치가 보였다. 사람들이 북적이는 길 복판에 등받이 없는 나무벤치가 ㄱ 자 ㄴ 자 모양으로 놓여있었다. 배

낭을 멘 젊은이가 앉아서 휴대폰을 만지고 있었고 전단지뭉치를 무릎에 얹은 아주머니가 쉬고 있었다. 슬그머니 끼어 앉았다.

　발끝을 내려다보고 있노라니 신발들이 부산하게 지나간다. 신발들의 속도만큼이나 말소리들도 바삐 지나간다. 주고받는 말소리, 사람 부르는 소리, 가게들의 열린 문에서 나오는 음악소리, 데시벨이 높다. 그런 채로 편하다. 편하고 졸려서 몽롱해졌는데 문득 고 작은, 부서질 것 같았던 달팽이가 생각났다.

　나는 달팽이처럼 어리지도 여리지도 않은, 세월의 때가 잔뜩 낀, 이런 말 하고 싶지 않지만 노년에 접어든 기운 빠진 여자다. 게다가 정말로 어울리지 않게 번화가 한복판의 벤치에 앉아서 오고가는 모든 사람들과 들리는 모든 소리들을 무시한 채 고요에 들어있다. 지나간 날의 달팽이나 생각하면서.

　달팽이야, 너 괜찮았니? 달팽이에 마음이 머물러 있는데 문득 소설가 김영하가 떠오른다. '썸바디(somebody)', 그래 그렇구나. 지금 이리도 편한 것이 내가 그저 '어떤 사람'이기 때문이구나. 여행지에서 김영하는 자신이 오로지 썸바디가 된다고 했다. 소설가 아무개가 아닌 그들 중의 한 사람(one of them)이 된다는 것이다. 지금 내가 그렇다. 그 소설가처럼 유명하지는 않지만 내가 내 이

름으로 살아가면서 일정 역할을 하는 동안은 매우 복잡한 존재가 된다. 그것은 대체로 편하지 않으며 때론 고통스럽다.

오, 나는 편안하다. 아무 것도 하지 않아도 되고 누구와 대화를 나누지 않아도 된다. 썸바디인 나는 군중 속에서 고요하다가 심심해져서 주변을 살핀다. 긴 의자 옆에 나무 몇 그루가 주르륵 서 있다. '무슨 나무더라?' 한참을 올려다보니 잎사귀 모양이 특이해서 기억하고 있는 튤립나무이다. 나무들은 늘씬하고 늠름하다. 나무 옆에 붙어있는 표지판을 읽는다. "이곳 동성로는 간접흡연으로부터 구민의 건강을 보호하기 위해 금연구역으로 지정되어 있다. 여기서 담배를 피우면 2만 원의 벌금을 부여한다. 중구청장"

심심한데 좋다. 사람들과 소리들과 건물들과 함께 있지만 나는 홀로 존재하기도 한다. 철저히 익명이다. 고요하고 자유롭다. 그럼에도 불구하고, 아니 기어코 시계를 보고야 만다. 나는 엄연히 관계 속에 존재한다. 약속시간에 맞춰 일어나야 한다. 애재라!

그리 되고 있다

1.

 한 가지 일을 맡게 되었는데, 겨우 여섯 달밖에 지나지 않았는데, 힘겹다는 생각이 든다. 여섯 달, 그 여섯 달을 세 번은 더 지나야 일을 그만 둘 수가 있다. 난감하다.

 길에 떨어져 있는 새끼줄을 주워서 집으로 왔더니 그 새끼줄 끝에 소가 매어있었다고 말도 안 되는 변명을 했다, 소도둑이. 경우가 많이 다르지만 따지고 보면 그리 다르지도 않다는 게 내 변설이다. 한 가지 일을 맡았을 뿐인데 그 일에 여러 개의 새끼줄이 있어서 저마다 다른 소들을 몰고 왔다. 내 손은 그렇게 여러 가닥의 새끼줄을 거머쥘 힘을 가지고 있지 않다는 게 문제다.

 그래서 나는 슬프다. 수필을 쓸 때 '나는' 또는 '내가'를 되도록 피한다. 그게 맞지만 이 지면에서는 일인칭을 맘껏 쓰려한다. 일인칭을 생략하는 이유란 게 이렇다. 작가가 화자로 등장하는데 '나는'이 왜 들어가야 하냐는 것이다. 그럼에도 불구하고 일인칭을 쓰고 싶거나 불가피할 때가 있다. '불구不拘' 또한 한자여서 되도록 쓰지 않는 게 좋다고 한다. 하지만 나는 이 '불구하고'를 좋아한다. '하지만'도 접속사라 피해야 하는데 '그렇지만'이나 '그러나' 보다 접속사란 느낌이 덜해서 슬쩍슬쩍 쓰곤 한다. 까다롭다. 뭐가 이렇게 걸리는 게 많은가. 넘어가자. 여러 번 말했지만 이 글은 말 그대로 산문산책이다. 산책하듯이 가볍게 쓴다. 하여 문장에 좀 너그러워지고 싶다.

하던 이야기로 돌아가자.(옆길로 샜다. 이 또한 산문이 주는 자유로움이다.) 그래서 나는 슬프다. 아니 힘겹다. '본질은 이게 아니다.' 라는 생각 때문에 괴롭기까지 하다. 그래 시간이 가면 되는 것이다. 시간이 모든 걸 데리고 간다, 그게 본질이든 비 본질이든. 그리 마음먹는다고 괴로움이 줄어들 것인가. 꼭 그렇지는 않다. 그러니까 내가 맡은 일은 근본적으로 내게 맞지 않다. 시행착오가 분명하지만 내 탓이니 감수할밖에.

2.

시간이 갔다. 남아있던 세 번의 여섯 달이 지나간 것이다. 참으로 다행하고 감사한 일이다. 이제 조용한 시간, 말없음의 시간을 가지면 된다. 그리하여 나는 편안하게 읽고, 쓰고 싶은 글을 써야한다. 그래야한다. 그런데 글쓰기가 잘 안 된다. 놓았던 글줄이 멀리 달아나버렸다. 문장들이여, 어디로 가버렸나!

긁적여 놓았던 메모들 혹은 짧은 글들을 들여다보고 또 들여다보면서 읽거나 쓰는 마음의 상태로 회귀하려 한다. 어떤 이는 말했다, 그만큼 썼으면 되지 않았느냐고. 그만큼이란 게 대체 무언가? 읽히지도 않는 수필집 몇 권 낸 것? 그걸 원했던 게 아니다. 글을 써서 괴롭고 글을 써서 행복하다. 그게 전부이다. 더 욕심을 내자면 수많은 명작들을 읽을 수 있을 만큼의 지력과 시력을 포함한 체력을 지니는 것이다. 그리되어야 한다. 그리 되고 있다.

일상은 평온하게 이어지고 더 좋을 것도 더 나쁠 것도 없는 시간이 지속되고 있다. 그것만으로도 크나큰 은총이다. "그는 친구와 친구를 만족시키면서도 고독을 지키고 싶어 했다. 고독은 괴로움의 한 원인이지만 동시에 창작하는 이에겐 불가결한 것이기 때문이다." 장 그르니에는 그의 저서 『카뮈를 추억하며』에서 카뮈에 대해서 그렇게 서술하고 있다. 그런 대가들에 비할 바는 아니지만 나는 나대로 고독을 지키고 싶다.

두어 해 동안 문우들 속에서 잘 지냈다. 서로 사랑하고 배려하는 게 어떤 것인가를 체득했다. 모두들 각자의 자리에서 얼마나 치열하게 살아가는지도 보았다. 함께였기에 가벼웠다. 마음이 사방으로 흩어져서 글쓰기가 안 되는 것 말고는 대체로 즐거웠다. 그것으로 되었다.

12
그때쯤이면

  이 글이 지면에 실려서 배송될 때쯤이면 회오리바람이 잦아들어 있겠지. 부디 그러하기를. 온 세상이 환한 봄날이어서 마당귀에는 목련꽃이 한껏 벙글고 신천동로에 벚꽃이 만개해서 근심 없이 즐길 수 있으면 좋겠다.

  보이지도 만져지지도 느껴지지도 않는 티끌보다 작은 것이 어디선가에서 날아들었다. 유리가가린의 파란별인 지구의 한 구석진 곳에서 누군가가 무얼 먹었다고도 하고, 그 지역 어느 연구실에서 누군가가 실수로 그것을 놓쳤다고도 하는 도무지 진위를 알

수 없는 소문이 잇달아 들려왔다. 매화가 언제 피고 지는지, 저 아래 남쪽에 산수유 꽃은 피었는지, 버드나무는 잎눈을 물고 있는지 물어볼 여유를 잃었다. 글을 쓴다는 게 물색없고 부질없다는 생각까지 든다.

눈앞에 코로나19란 괴물이 입을 크게 벌리고 있다. 그것의 거친 숨소리가 여과 없이 다가온다. 강 건너 불구경을 하다가 발등에 불이 떨어져서 뜨겁다. 그 뜨거움 속에서 나는 글을 쓴다. 주제 사라마구의 『눈먼 자들의 도시』는 창궐하는 전염병 속에서 인간성이 얼마나 바닥까지 떨어질 수 있는지, 인간이 어디까지 이기적이 될 수 있는지를 적나라하게 보여주었다. 우리나라는, 내가 사는 이 도시는 물론 그 정도까지는 아니다. 우리는 하나의 터널을 지나가고 있고, 곧 눈앞에 환한 빛이 보일 것이다.

2009년에는 신종플루가 누군가의 호흡기에 얹혀서 우리 땅에 착륙했다. 온 나라가 몇 개월을 그야말로 사투를 하며 지냈다. 시간이 지나면서 백신이 개발되었다. 이제 그것은 해마다 독감이란 이름으로 왔다가곤 한다. 그때 나는 「회오리바람」이란 제목으로 수필을 썼다. 티끌 하나가 일으킨 어마어마한 회오리바람이었다. 2015년엔 메르스가 쓸고 지나갔다. 지금의 바람이 더 세다.

회오리바람은 결국 잦아들 수밖에 없다. 코로나19도 그리될 것이다. 정서적으로 매우 혼란스럽다. 일부 몰지각한 사람들을 원망도 하고, 앞에 서 있는 이웃이 감염자가 아닐까하는 두려움 속에서 지내고 있지만 곧 끝날 것이다. 봄꽃향기가 흩날리고, 라디오에선 목소리가 기가 막히게 매력적인 DJ가 '기차는 여덟 시에 떠나고'를 소개할 터이다. 그때쯤이면 오, 정말 그때쯤이면 평온한 일상에 감사하면서 눈 호강, 귀 호강을 누리고 싶다.

일요일 저녁

봄비 내린다. 제법 내린다. 절기로는 봄이지만 아직은 겨울이 영 떠나지는 않았다. 창밖 정경을 바라본다. 바닥이 드러나 보이는 강물 속에 발을 담그고 백로(하얀 새다. 백로라고 하자) 한 마리가 오래 거닐고 있다. 비가 내리고, 물이 낮게 흐르는 이런 날은 물고기가 많이 보인다. 아마 포식을 하고 있을 게다.

다리 위로 우산들이 가고 또 온다. 신천의 동안동로와 대로를 자동차들이 강물처럼 흐른다. 폐지더미를 가득 얹은 리어카를 끌고 노인이 느리게 가고 있다. 잔뜩 흐린 세상을 힘겹게 걷는다. 역주행이다. 노인에게 방향은 중요하지 않은가 보다. 오직 가야 할 길만 보이는 것이다. 노인은 남은 손이 없어서 그냥 비를 맞으며 간다.

백로라고 했지만 신천에서 매일 보는 백로와는 다르게 몸집이 크다. 목도, 다리도 길다. 백로도 특별히 장신이 있는지 모르겠다. 황새인 것도 같은데 설마 그 보기 드문 황새가 신천에 왔겠는가. 나는 백로와 왜가리를 잘 구별하지 못하지만 황새는 멀리서라도 알 수 있을 것 같다. 아무튼 그 백로(황새라고 하고 싶다.)는 멀리서 보기에도 확연하게 커다란 날개를 쫙 펴고 저공비행을 하다가 다시 그 자리에 와서 또 오래 머문다.

비가 들어와서 창문을 닫고 내다보는 세상은 거의 묵음이다. 차들도 새들도 사람들도 조용히 움직인다. 세상이 온갖 일들로 쉴 새 없이 소란스러운데 겨울(봄인가?)날 늦은 오후, 비는 조용히 내리고 집들 나무들 사람들 새들이 다 조용히 움직인다. 움직임이 있어서 좋고 조용해서 더 좋다. 조용함 속에 세상이 살아있다. 희열도 슬픔도 혼란도 다 안으로 품고 다만 살아서 숨 쉰다.

백로(황샌가?)는 아직도 제 자리다. 은근하고 끈질기다. 긴 다리로 미동도 없이 서있기를 한참이다. 폐지더미와 노인은 시야 밖이다. 어딘가에 그 짐을 부려놓고 노인이 허리를 쭉 폈으면 좋겠다. 따뜻한 저녁밥이 노인을 기다리고 있기를······.

 내려다보이는 아파트 마당은 평면적이고 원근으로 내다보이는 세상은 입체적이다. 나무들의 우듬지는 편안해 보이고, 세상은 듬직해 보인다.

넋두리

 언제 주저앉았는지, 글고랑에서 나는 아직도 혼미하다. 지력도 창의력도 상상력도 점점 쪼그라들어서 빈약하기 짝이 없다. 육남매 젖을 물린 우리 엄마의 가슴을 닮아간다.

 무기력하게 앉아서 하염없이 시간을 보내고 있다. 자극이 필요해서, 그 자극에 대해 응전하고 싶어서 꽤 괜찮은 수필들을 읽었다. 추선희의 「책 버리는 시간」, 노정희의 「하얀」을 읽었다. 베르

나르 베르베르의 소설 『고양이』도 한참 읽었다. 어쨌든 글줄을 그러쥐고 놓지 않으려 버둥거린다. 그래야 이 고랑에서 일어나서 저 멀리 이랑 끝까지 글의 씨를 심을 수 있을 것 같아서이다.

살아있다

 햇살 맑고 눈부신 봄날이다. 눈앞에서 건들거리는 플라타너스는 봄날 오후의 싱그러운 바람을 만끽하고 있는 것 같다. 흥얼흥얼 콧노래라도 부르고 있는지 모르겠다. 모처럼 '미세먼지 좋음'이다.
 라디오는 오늘따라 주파수가 잘 맞아서 음이 명쾌하다. 라디오는 종일 클래식 FM에 맞춰져 있다. 음악을 잘 알지 못해서 지금 나오고 있는 곡의 제목도 모르지만 위안이 된다. 모른 채로 굉장히 좋다. 피아노로 연주되고 있다. 나는 딱 한 사람의 피아노연주만 들자마자 아는데 조지 윈스턴이다. 아, 진행자가 방금 말했다. 이제 막 끝난 곡이 쇼팽의 '폴로네이즈 6번' 이라고. 다시 모르는 곡이 연주되고 있다. 바이올린 음색이 감미롭다.

  클래식음악은 중독성이 강하다. 음악소리가 나지 않으면 시간이 멀건 국물처럼 싱겁다. 아무 것도 하지 않고 멍하니 있어도 음악소리가 들리면 뭔가를 하고 있는 것 같은 생동감을 느낀다. 나는 살아있다. 게다가 세상이 내는 크고 작은 온갖 소리 속에서도 평온을 지켜낼 수가 있다. 힘듦 속에서도 늠름할 수가 있다.

13
사만다, 무릇 어미는 그런 것이다

4부작 다큐멘터리 '라이프 오브 사만다'에서 눈을 뗄 수 없었다. 아프리카 케냐의 광활한 초원이다. 바람에 흔들리는 마른 풀들 사이로 톰슨가젤의 무리가 평화롭게 움직인다. 흰 구름 떠다니는 눈부시게 파란 하늘, 정중동靜中動! 이 그림 같은 풍경 속에서 지금 맹수들이 전쟁을 치르고 있다. 적자생존, 야생의 땅이다.

치타 가족을 중심으로 펼쳐지는 맹금류들의 죽살이, 그 절체절명의 생존기를 생생하게 보여주는 프로그램이다. 우연히 채널이 맞았던 것인데 몰입하였고, 며칠 기다려가며 시청하게 되었다.

죽고 사는 문제는 절절하고 처절하다. 세상에~, 나는 날씬하고 연약하며 사슴 같은 눈을 가진 톰슨가젤의 편을 들지 않고 치타를 응원하고 있었다.

사만다는 엄마 치타다. 시쳇말로 '싱글맘'이다. 치타의 수컷은 새끼를 전혀 돌보지 않는다고 한다. 그들의 생태가 그런 것이겠지만 내 기준으론 몹시 괘씸하다. 2부의 테마가 'Life is not easy'인데 사만다의 삶이 바로 그랬다. 사만다는 세 마리의 새끼를 지켜야하고 먹여야하는 어미였다.

사만다는 전력을 다해 톰슨가젤을 쫓아가지만 힘에 부쳐서 번번이 실패한다. 톰슨가젤이 빛의 속도로 도망가기 때문이다. 게다가 사자나 표범, 하이에나가 출몰하지 않는 시간에 사냥할 기회를 잡기란 여간 어려운 일이 아니다. 사만다와 새끼들은 그래서 자주 굶주림에 시달린다.

마침내 사냥에 성공한다. 먹이를 물고 새끼들에게 돌아오는 사만다는 숨이 턱까지 차올라 헐떡거린다. 이쯤에서 톰슨가젤이 불쌍해야 하는데 사만다의 현실이 너무 절박해서 나는 가엾은 톰슨가젤을 못 본 체한다. 새끼들이 먹는 동안 사만다는 주린 배를 견디며 망을 본다. 목을 쑥 빼고 사방을 살피는 사만다의 눈은 애처

롭다. 세상 모든 어미의 고단함이 사만다의 표정에 묻어있다. 아뿔싸! 하이에나 무리가 나타나서 사만다는 모처럼의 먹이를 버려두고 황급하게 자리를 뜬다. 새끼 '나라'가 다쳤다. 표범은 이럴 때 새끼를 버린다. 그건 표범의 생존방식이다. 하지만 치타는 다르다. 사만다는 돌아보고 또 돌아보며 기다린다. 온 가족이 위험해질 수도 있는데 사만다는 끝까지 기다려서 다친 녀석을 데리고 간다. 그들의 뒤로 붉게 물든 하늘이 따라간다. 숨찬 하루가 저물었다.

사만다, 무릇 어미는 그런 것이다.

잠 안 오는 밤에

잠자리에 누워서 책을 읽는다. 읽기를 좋아해서 그러기도 하지만 잠을 부르기 위해서 해온 오랜 습관이다. 하지만 이제 눈이 책을 좋아하지 않는다. 눈이 허락하는 날까지 읽고 쓰겠다 했으니 보배보다 더 보배인 눈을 아껴야 한다. 책 읽는 시간이 점점 짧아지더니 한두 쪽을 넘기기도 힘이 든다. '망막박리'란 게 찾아왔다. 크고 작은 수많은 검은 점들이 눈앞에 떠다닌다.

몸은 천근이고 근심은 만근이다. 만근이 천근을 덮어서 잠을 이룰 수가 없다. 개별적 고뇌에 세상의 근심이 얹힌다. 이른 잠을 못 자고 밤이 늦도록 뒤채다가 새벽녘에야 깊은 잠에 빠지곤 했는데 최근에는 그게 더 심해졌다. 잠을 못 이루고 있으면 세세한 걱정거리부터 지금 지구를 뒤덮고 있는 우환에 이르기까지 뇌리를 돌고 가슴을 누른다.

불면의 밤을 마냥 책 읽기로 눈을 혹사할 수가 없어서 전전긍긍하는 나에게 딸아이가 팟케스트를 권하였다. '작가 김영하의 책 읽는 시간'이다. 작가의 자잘한 근황이나 해설을 얹어서 문학작품을 읽어주는 것이다. 우선 문학적으로 유익하다. 김영하의 목소리는 낮고 안정되어 있으며, 중년의 나이에 걸맞게 중후하다. 높낮이가 없는, 약간은 건조한 톤으로 그가 책을 읽어 내려가면 읽기가 끝나가는 한 시간 쯤에 잠이 내려온다. 포근하고 안온하다.

안톤 체홉의 「입맞춤」, 안토니오 스카르메타의 「네루다의 우편배달부」 같은 재미있거나 감동적인 에피소드들이다. 예순일곱

편의 에피소드들을 여러 번 들었다. 최근에는 오디오 클립(audio clip)으로 배우 공유의 '베드타임 스토리'를 듣는다. 젊은 남자가 조금은 가볍게 들려주는 이 시간도 썩 괜찮다. '비 내리는 북유럽의 숲속에서'를 듣고 있으면 정말 핀란드의 숲속 오두막에서 자우룩이 내리는 빗소리를 듣는 듯한 착각에 빠진다. 빗소리와 짙푸른 숲을 쓸고 가는 바람소리, 맑고 높게 지저귀는 뭇 새소리를 듣고 있으면 오만가지 근심은 사라지고 아늑한 잠이 찾아온다. 배경의 음향과 함께 들려주는 내용은 에세이다. 헤르만 헤세, 헤밍웨이, 괴테 같은 저명한 작가들의 에세이다. 어쨌거나 명색 수필을 쓰고 있는 나로서는 대가들의 글을 들으며 분에 넘치는 호사를 누리는 셈이다.

이 베드타임 스토리는 열 편 정도여서 금방 끝나버렸다. 많이 아쉽다. 잠 못 이루는 밤에 책 읽기가 안 되어서 찾게 된 방도이지만 언제까지 의존할 수는 없다. 오랜 습관에다 나이까지 들어서 잠 안 오는 밤은 점점 더 많아질 터이다. 나는 늘 근심이 많아서 그렇다고 핑계를 대지만 근심 없는 사람이 어디 있으랴. 그냥 그리 살아왔기 때문에 그러할 터, 불면의 밤에 책 읽어주는 이가 있어서 그나마 많이 행복하다.

온 세상이 환하다

 세상은 바이러스 속에서 연일 속보 또 속보에 떨고 있지만 꽃은 제때에 피고 또 핀다. 목련이 언제 피고 졌는지, 벚꽃은 피기나 했는지도 모르게 지나갔다. 그리운 이 만나지 못하고 가고 싶은 곳 못 가는 시간들이 아프게 지나갔다. 며칠 전에 집 앞 슈퍼에서 우유랑 달걀, 양파들을 사서 들어오다가 문득 아파트 입구의 이팝나무 앞에 멈춰 섰다. 손을 들어 가까스로 꽃숭어리를 만져보았다. 엷고 가느다란 꽃잎 하나하나를 조심스럽게 만졌다. 귀하다, 참 귀하다란 생각이 들었다. 어찌 이런 난국에 넌 한 점 그늘 없는 표정을 하고 있니? 그렇게 말을 건네 보았다. 오, 여신 플로라는 잊지 않고 꽃을 뿌리고 있구나! 온 세상이 환하다.

 일터 담벼락에 줄장미가 무더기무더기 피었다. 엊그제는 줄장미 사이에 겨우 자리를 잡은 키 작은 찔레나무에 연분홍 꽃이 피었다. 분홍찔레는 보기 드물다. 하여 반가움이 더하다. 꽃잎을 활짝 열고 실실이 노란 꽃술을 내보이고 있다. 다섯 장의 엷은 꽃잎, 가녀린 꽃술이 너무 연약해서 가엽기까지 하다. 애틋해서 오래 들여다보았다.

 장미가 질 때쯤 신천엔 접시꽃이 피고 연이어 배롱나무에도 붉은 꽃이 필지니, 세상은 그 때문에도 충분히 살 만하다. 길을 가다가 멈추어서 이팝나무를 올려다보고, 때로는 인도블록을 비집고 나온 한 떨기 풀꽃도 귀해서 한참을 내려다본다. 한 이파리 여린 꽃잎을 유정하게 바라보는 일, 이 사소한 기쁨에 감사하지 않고 사는 날들이 너무나 많다.

14
커피 또는 두통약

 커피를 마실까? 아침에 마셨는데 또 마셔도 될까? 아, 조금 전에 두통약을 먹었는데 카페인 과다가 되지 않을까? 이런 하찮은 조바심이라니! 드립커피도 아니고 에스프레스는 더욱 아니다. 믹스커피다. 믹스커피의 문제는 무엇인가. 그 달콤한 유혹을 어쩌지 못해서 기꺼이 고혈당을 감수해야 한다. 그리고 위장을 할퀴는 것도 넘어가줘야 한다. 무엇보다 밤에 잠이 오지 않는다.(이건 모든 커피가 다 그렇다.)

 그럼에도 믹스커피를 즐겨 마신다. 일회용 믹스커피는 맛이 그만이다. 믹스커피에서는 드립커피의 그윽한 향이 느껴지지 않고, 또한 그것에는 에스프레소의 독특한 향과 깊고 진한 맛, 고급스런 느낌이 결여되어 있다. 하지만 내게 있어서 믹스커피의 맛은 드립커피를 내릴 때 향유할 수 있는 분위기와 에스프레소의 매혹을 뛰어넘고, 혈당이라는 번거로운 문제를 작은 돌멩이처럼 걷어차 버리게 한다. 위장이 아프면 위장약을 먹는다. 그러니까 맛은 간단하게 장애물들을 뛰어넘는다. '한 잔 더 마셔도 될까?' 는 몸에게 미안해서 예의상 물어보는 인사치레다.

두통은 40년 지기 친구다. 함께 잠들고 밤새 나를 깨웠다 재웠다 하다가 아침 일찍 먼저 인사를 하고도 종일 들러붙어 있는 아주 끈질긴 친구다. 애써 모른 척한다. 느낌을 느낌으로 통증을 통증으로 인정하지 않으려 한다. 문전박대로 내몰다가 그래도 이 친구가 자꾸 시비를 걸어오면 두통약을 주면서 달랜다. 하루에 두어 번 커피처럼, 먹을까? 참아볼까? 저급한 망설임 끝에 판○이란 약을 마신다. 그게 혀에 길이 든지 오래여서 맛이 있다, 커피처럼. 담배를 피워 본 일이 없지만 애연가들이 그것을 끊지 못하는 심정을 알고도 남을 것 같기는 하다.

치열

 앞니 두어 개가 크고 좀 못생겼다. 게다가 그것들이 형성한 구조적 문제로 하여 입이 나와 보인다. 요즘 사람들 같으면 교정을 했으련만 나는 옛날 사람이어서 그냥 살아왔고, 이제는 때가 너무 늦었다. 뭐, 괜찮다.
 더 큰 문제를 아랫니가 갖고 있다고 한다. 네 개의 치아가 요철 모양으로 서로 어긋나서 사과를 베어 물면 그 자국이 찰리채플린의 영화 「모던 타임즈」에 나오는 톱니바퀴 문양으로 또렷하게 남는다. 그렇거나말거나 자르고 끊고 하면서 잘 살아왔다. 부정교합은 전문가의 진단명이고, 미학적 관점을 묵살하기만 하면 생존하기에는 문제가 될 게 전혀 없다.
 아래위, 양쪽 어금니들이 나보다 먼저 여생을 마치려고 해서 붙드느라 보철을 했다. 정해진 공간에 여러 개의 치아들을 덮어 씌우니 저들끼리 치열熾烈한 땅 싸움을 벌였는지 모르는 사이에 앞니들의 치열齒列이 더 삐뚤빼뚤해졌다. 마침내 아랫니의 간판격인 네 개 중 하나가 밀려나서 안으로 넘어질 지경이 되었다. 그래도 먹고 사는데 지장은 없다.

　문제는 어떤 사람이(묻지도 않았는데) 내 앞니를 보면서 걱정을 했다는 것이다. 좋지 않은 일이 생길 수 있다며 구체적으로 예시를 하였다. 어쩌라는 건가. 그걸로 치과에 가서 하지 않아도 될 '공사'를 계약하고 싶지가 않다. 또 교정을 한다고 관상가의 우려가 소멸된다는 보장도 없다. 차라리 앞으로 나온 윗니를 손보고 싶다.(윗니가 들어가면 입도 들어갈 게 아닌가.) 하지만 그럴 나이가 아니다. 아파서 견딜 수 없으면 도리 없이 치과엘 가서 적지 않은 돈을 쓰며 원장 선생님의 정교한 손길에 한없는 신뢰를 보내야겠지. 하지만 앞에서 말했듯이 먹고 사는데 지장이 없는데 뭔 영화를 보겠다고 사서 고생을 하랴. 그 관상가의 말이 (듣지 않느니만 못해서) 이따금 속을 갉기는 하지만 나를 흔들지는 못한다. 이 또한 괜찮다.

무엇 때문에?

 글감 없이 노트북을 열었다. 막막하게 들여다보다가 핸드폰을 쥐고 인터넷뉴스를 한참 들여다본다. 코로나19에 관한 기사가 태반이다. 지난 수개월 동안 그랬다. 처음엔 공포였는데 이즈음은 해도 해도 끝나지 않는 지긋지긋한 걱정거리가 되었다. 내년도 최저임금에 대한 논쟁이 있다. 삼각김밥으로 끼니를 때운다는 가난한 청춘들이 돈을 좀 더 가져갔으면 싶은데 그렇게 하면 자영업자들이 망한다고 한다. 어느 편도 들 수 없어서 난감하다. 솔로몬왕은 어디에 계시는지. 그리고 늘 그렇듯이 정치권의 공방이 계속되고 있다. 그들이 싸우기라도 해야 나랏일이 어떻게든 돌아가겠지.

 세상의 그 모든 일들을 접어두고 몇 줄 글을 쓴다. 무엇 때문에? 그냥 뭐든 쓰고 싶어서이다. 코로나19 팬데믹 시대를 살아가는 일이 버겁고도 버겁다. 모두들 각자의 자리에서 목하 전투 중이다. 공적마스크 판매를 하면서 평생 들을 나쁜 말을 다 들은 것 같다. 전염병에 대한 불안에서 증폭된 짜증이나 불만은 물론이고 정부나 정책, 이념까지 합쳐지고 뒤섞인 온갖 구겨진 언어들이 그 일에 관한한 책임소재가 아닌 내게로 쏟아졌다. 평정심을 유지하기가 힘들었다.

장염이 두어 달 지속되었고, 이석증이 생겨서 구토와 어지럼증에 시달렸다. 양쪽 눈에 차례로 비문증이 생겨서 검정 실뭉치들을 온종일 보면서 일해야 했으며, 어깨를 다쳐서 팔걸이를 하고 있어야 했다. 스트레스가 그런 증상들을 몰고 왔다고 의사가 말했다. 물론 각각의 증상에 대한 방어를 했다. 좋아졌고, 좋아지고 있다.

너그러운 어른으로 늙기를 바랐다. 진정 그러고자 마음먹고 살았다. 너그러운, 너그러운, 너그러운. 오, 그러나 속은 간장종지만하고 신경은 바늘 끝처럼 날카로운 인간이 나라는 생각이 들었다. 그런 각성은 나를 슬프게 했다. 이제까지 뭘하며 살았나. 삼십 년 글을 써왔는데 이 정도의 인간이 되고 말았다면 그 많은 문장들은 대체 무엇을 지향하고 있었나.

너그러운 어른은 못되더라도 최소한 나잇값 못하는 사람은 되지 않아야겠지.(그마저 이루지 못할 꿈이 될지도 모르지만) 여유, 좀 더 여유롭게, 그리고 유유자적하게. 무엇보다 따뜻하게. 지금의 내게 결여된 건 인간에 대한 연민이다. 쉽지 않다는 걸 안다. 천천히, 천천히 하자. 시간 나는 대로 음악을 듣는다. 쇼팽을 조성민의 연주로 듣고, 조지 윈스톤의 피아노를 듣고, 임태경을 듣고 임형주를 듣는다. 그러면서 편안함을 찾아간다. 눈 때문에 책은 오래 못 읽지만 몇 줄 시나 한두 편의 수필, 잘 읽히는 소설을 읽는다. 차츰 평화를 얻어가고 있다.

  글감 없이 노트북을 열어서 정처를 모르는 문장들을 이어간다. 살고 싶어서이다. 글 없이 밋밋하게 살지 않고 몇 줄 글이라도 문장을 만들면서 살고 싶어서이다.

15
이토록 기분 좋은 작은 것들

   집안에 국화 향이 그득하다. 어제 친구가 국화 한 다발과 싱싱한 상추와 단단한 무를 가져왔다. 텃밭 다녀오는 길에 불쑥 들어와서 그냥 툭 던져주고 갔다. 샛노란 소국, 야생의 향기가 짙다. 흐음~흐음~ 향기를 마셔대며 즐거워하다가 꽃병 두어 개에 나누어 꽂았다. 아침에 일어나니 거실에 가을이 꽉 찼다. 오, 나는 늦가을의 아취에 흠씬 젖어서 거실을 이리저리 돌아다닌다. 챙이 둥근 모자와 마스크 사이로 터져 나온 환한 웃음을 덤으로 주고 간 친구, 퍼주기를 참 좋아하는데 그게 다 복이 되는 것 같은 내 친구.

 출근길에 자동차 앞 유리를 통해 바라본 하늘빛이 참 곱다. 파란하늘에 흰 구름이 기다란 세로줄 문양으로 넓게 번져있다. 눈부신 파랑이 비단결 같은 엷은 구름에 가려 파스텔 톤이다. 하도 고와서 안경을 벗고 보다가 끼고 보다가 하면서 출근을 한다. 가슴에 기쁨이 들어찬다. 거기에 하늘이 그 빛깔로 있고, 내가 그 하늘을 바라본다는 사실에 감격한다.

 일터에 와서 컴퓨터를 켜고 라디오의 버튼을 누른다. '첫사랑'이다. 오늘은 소프라노 김순영이 부른다. 부드럽고 고운 음색이다. 이 노래를 팬텀싱어란 프로그램에서 피지의 유일한 성악가 소코의 경연곡으로 처음 들었다. 설레는 노랫말을 정말 설레게 불렀다. '그대를 처음 본 순간이여~/말 못해 애타는 순간이여~/그 눈길 마주친 순간이여~/그 마음 열리던 순간이여~' '순간', 이토록 아름다운 말이라니!

 첫사랑이야 르네상스 때 연인들의 사연만큼이나 멀고 먼 이야기가 되어버렸지만 그렇다고 당신과 나, 그리고 우리 모두의 가슴에 숨 멎을 듯 다가왔던 그 설렘이 어떤 건지 영 모르지는 않는다. 어느 문우가 내게 쓴 편지에 이런 내용이 있었다. 동인지에 첫사랑을 테마로 글을 쓰라고 했더니 바보 세 사람이 썼고, 나머지는 강아지를 사랑했다느니, 나무를 사랑했다느니, 뭐 그런 거짓말을 했다는 것이다. 그 대목이 재미있어서 웃었다.

스무 살의 봄날 같은 첫사랑을 생각하다니! 문득 메르세데스 소사의 노래가 듣고 싶다. Gracias a la vida (삶에 감사하며), 천상에서 들려오는 듯한 알토 목소리와 아름다운 노랫말. "이토록 많이 주어진 삶에 감사합니다./눈을 뜨자, 삶은 나에게 두 눈을 선사하여/~/저 높은 천국의 별이 가득한 배경을/그리고 많은 사람들 속에서, 사랑하는 그를 볼 수 있도록 하였습니다." 살아있는 게 감사한 아침이다.

도로 건너 커피전문점에 카페모카 한 잔을 주문했다. 휘핑크림이 얹힌 커피를 잔 뚜껑에 꽂혀있는 가느다란 막대기로 저어서 마신다. 향은 짙고 맛은 부드럽다. 멋진 아침이다. 사는 것이 힘들다고 자꾸 투덜거리면 어쩔거나. 이리 작은 일 하나로도 그 힘듦을 보상받는데. 야생의 노란 국화 향이 기분 좋고, 하늘이 퍽 예쁜 아침이다. 있었는지조차 가물가물한 첫사랑의 순간을 떠올리고, 오랜만에 모카커피를 마신다. 근심 따위는 밀쳐버리자. 이토록 기분 좋은 작은 것들, 이토록 많이 주어진 것들, 충분하지 않은가.

바람결을 따라

 시절이 하 수상하여 거의 갇혀 지내다시피하니 자꾸만 먼 산숲에 들고 싶었다. 거기 어디쯤 노랗고 붉게 단풍들어서 숲을 이루었을 터이고, 물든 이파리 하나하나가 바람에 흔들리고 연이어 가지들이 또 바람에 흔들려서 숲은 위잉~위잉 소리를 내겠지.
 세계 시민이 '코로나블루'라는 공동체적 감정을 겪고 있는 이즈음, 나도 예외는 아니다. 지난 주말에는 자동차로 팔공산 순환도로를 요즘의 트렌드가 된 '드라이브 스루'로 지나왔다. 많은 사람들이 우리와 같은 심경인 듯 도로는 자동차로 꽉 차 있었다. 자동차들은 느리게 전진했다. 눈치 안 보고 맘껏 서행을 할 수 있어서 좋았다. 길 양 옆에 우거진 숲을 눈에 넣을 듯이 살폈다. 벚나무, 느티나무, 아카시아, 소나무, 갈참나무, 그 나무들 아래로 무성한 수풀, 그 생명력에 박수를 보냈다. 나무들은 수려했으며 사위를 둘러싼 산은 장대했고, 자연은 위대했다. 대자연 속에서 인간은 미약했고 나는 먼지 같았다. 그렇다고 기가 죽은 건 아니다. 자연에 외경을 느끼지만 나는 자연과 따로 있지 아니하고 그 안에 들기를, 그 품에 아기처럼 안기어 안도하기를 소망한다.

나는 작지만 또렷한 존재로 있기를 원한다. 티끌 같지만 어느 풀잎에 앉아서 맘 놓고 쉬기를 바란다. 그 속에서 나는 눈을 뜨고 가슴을 열며 자유롭기를 열망한다. 그런 생각에 잠기며 나무들에 일종의 동류의식을 느꼈다. 나무여, 숲이여, 산이여, 나를 품어주라. 너의 푸근하고 너른 가슴에 나를 안아주라. 한 줄기 풀꽃으로 나도 거기에 머물고 싶다.

그러노라고, 정말 그러노라고, 길옆에 늘어선 과일노점들을 놓쳐버렸다. 벽에 걸어 놓으면 정취가 그만일 듯한 가을열매들, 알이 굵은 사과랑 주홍빛 감들도 보였는데 순식간에 지나쳐버렸다. 뭐 괜찮다. 눈이 즐거웠으니 좋았고, 마음이 그득했으니 되었다. 살아갈 힘을 얻었으니 넘치도록 고맙다.

해로偕老

조금 전에 노부부가 아주 천천히 지나갔다. 한정 없이 더디게 내디뎠지만 결국은 지나가셨다. 두 분의 모습이 눈으로 들어와서 가슴에 남는다. 송구스럽게도 그 모습이 한 쌍의 작은 헝겊 인형 같았다. 노인은 색이 바랜 갈색 중절모를 쓰고 구불구불한 나무지팡이를 짚었으며, 좀 커 보이는 잿빛 재킷에 감색 바지를 입고 굽이 조금 닳은 검정 구두를 신으셨다. 표정이 온화하시다. 노부인은 파란색 반코트와 통이 넓은 검정바지 차림에 갈색 단화를 신으셨다. 하얗게 센 파마머리에 주름이 많은 얼굴이지만 뽀얗고 참하시다.

정말 동화책에나 나올 법한 모습이어서 비현실적인 느낌이 들었다. 느릿느릿한 걸음으로 가로수 플라타너스를 하나하나 지나치는데 바로 옆 도로에는 자동차들이 쌩쌩 지나가고 있었다. 너무 빠른 세상을 너무 느리게 걸어가셨다. 눈물겹다. 연민이 아니다. 감사해서다. 아흔은 되어 보이는데, 그리 고운 모습으로, 그리도 작은 모습으로 두 분 다 살아계셔서이다. 은행에서 나오면서 뵙게 된 모습이 참 귀하게 와 닿아서 어떻게든 그 정경을 남기고 싶었다. A4용지에 그림을 그렸는데 잘 되지가 않는다. 그림처럼 내 문장의 역량도 여기까지다. 노부부의 모습을 더 잘 그릴 수가 없고 그 울림을 더 깊게 전할 수가 없어서 무력감을 느낀다.

인간의 한 생에서 때로는 봄바람처럼 감미롭게, 때때로는 벅찬 환희로, 드물게는 하늘이 무너지는 절망으로, 길고 긴 세월을 보낸 후에야 비로소 저리도 고요한 모습이 되셨으리니. 부도 명예도 열정도 다 놓아버리고 느슨하고 헐거운, 한없이 더딘 발걸음 같은 시간이 두 분에게 남아있다. 해로하셨다.

보이는 대로
보려니

16
보이는 대로 보려니

구룡포의 "VILs Cafe"에 앉아있다. 바다가 내려다보이는 언덕배기에 자리한 카페는 그림처럼 아늑하다. 해송과 대나무 숲이 카페를 감싸고 있다. 커피 향이 짙게 배어있는 넓은 홀에는 두 사람, 세 사람, 혹은 혼자, 사람들이 앉아있다. 홀을 마다하고 테라스를 걸어서 바깥으로 나온다. 물을 뺀 수영장 옆 탁자들이 비어있다. 바다가 훨씬 가깝게 다가온다. '동해안로'란 표지판이 보인다. 동해, 동해다. 젊어서 한때 동해를 자주 찾았다. 바다가 좋았다. 「바다에서」 연작 10편을 썼다. 바다는 나를 쏟아내게 하고 춤

추게 했다. 열정과 고뇌의 시간을 바다와 함께했다. 오늘 다시 그 바닷가에 내가 있다. 아이들이 갈 곳을 검색하고 먹을 것을 준비하며 부추겨서 용기를 냈다.

남편과 나는 멈추어 앉았고, 두 아이는 젊은이답게 움직인다. 커피와 주스, 마카롱 몇 개가 탁자에 놓인다. 모카커피를 마시며 바다를 바라본다. 하늘은 맑고 새털구름은 엷게 펼쳐져서 빛난다. 수평선은 경이롭다. 그 하나의 선線에 감격한다. 내 안에 그토록 들끓던 오만가지 정감들을 저 횡橫으로 놓인 선이 다독인다. 마침내 나는 고요함에 든다.

내려다보이는 도로 위에 '노인보호구역 (30)'이 그려져 있다. 노인보호구역은 처음 본다. '노인보호라!' 여기 노인이랄 수도 없고 노인이 아니랄 수도 없는, 어정쩡한 두 사람에게도 고마운 일이다. 그 노인보호구역 도로에서 파생된 해안도로가 포구를 감고 가다가 모퉁이에서 사라진다. 바다로 벋어나간 방파제에 낚시꾼들이 많다. '장길리 복합낚시공원', 세로로 길게 간판이 서 있다. 망중한忙中閑 또는 한중한閑中閑이며 삶의 여백이다.

수평선은 멀어서 잔잔하다. 물결이, 풍랑이 보이지 않는다. 간단치 않은 인간인 나도 멀리서 보면 평온해 보일 터이다. 보이는 대로 보려니, 지금 나와 낚시꾼들과 수평선, 더하여 세계는 고요하다.

산으로 가지 않고

"그냥 안부 전화예요." 목소리가 쪽빛 하늘이다. 맑고 쾌청하다.

지난번 모임에 안 보이더라. 사정이 이러저러했다. 뭐 그런 말을 주고받았다. 그와 나는 워낙 성격이 다르다. 성격은 글에 그대로 나타나서 내 글은 답답하고, 그의 글은 유쾌하다.

그의 유쾌함을 좋아한다. 한 인간으로서 그의 개별적 고뇌나 삶의 무게는 나와 그리 다르지 않을 터이다. 그럼에도 그는 웬만해선 쾌활함을 잃지 않는다. 나로 말하자면 대체로 심각하고 좀 어둠침침하다. 이렇게 쓰고 보니 몹시 암울한 사람으로 그려지는데 꼭 그렇지는 않다. 변명을 하자면 젊어 한때 전혜린이나 버지니아 울프 같은 '캐릭터?'를 동경했고, 도스토예프스키나 고흐에

매료되면서 생긴 다소 어둡고 고독한 마음의 빛깔 같은 것이 나의 내면에 혼재되어 있다는 것이다. 아무려나 그가 유쾌함을 뿌려주었다.

"산으로 가고 싶다."고 나에게 토로한 사람이 있었다. 진정 산으로 가고자 하는 것이 아니라 사람들을 떠나고 싶다는 말이었다. 오래전에 들었던 말인데 그도 달리 방도가 없었던지 그럭저럭 사람들 속에서 인연을 토대로 밥벌이를 하면서 나처럼 늙어가고 있다. 어쩌겠는가, 그럴 수밖에 없는 것. 그 사람처럼 나도 더러는 산으로 가고 싶었다.

그가 전화를 했다, 내가 산을 생각하고 있을 때에. 오! 나의 그런 시간에 그의 음성이 밝고 높게 확 들어온 것이다. 별 내용이 아닌 일상적인 안부 몇 마디 나누고 전화를 끊었다. 눈물이 나올 것 같고 가슴이 먹먹했다. 그가 반가워서라기보다 그의 유쾌함이 좋아서였다. 그의 속 시원함이 나를 관통했다. 그가 나를 씻겨주고 등짝을 갈겨주는 것 같았다. 고마웠다. 산으로 가지 않고 여기 사람 속에서 북적대며 잘 살아야 한다. 할 수 있는 한 힘껏, 마음껏 그 유쾌함을 배우자.

봄바람이 불어와서

'코로나!', 한두 문장씩 때로는 한 편의 수필로 썼다. 그런데 이것이 글마다 끼어든다. 일상을 지배당하다보니 정신까지 이 불온한 놈에 휘둘리고 있는 것이다.

포근한 겨울 한낮이다. 맑고 쾌청한 하늘이 보이는 창가에 앉아서 글을 쓰고 있다. 일요일 오후, 뭘 해야 할지 모르겠다. 한 주간의 빨래를 하고 청소도 마쳤다. 코로나19가 아니더라도 이런 시간 나는 이러고 있을 것이다. 분명하다. 워낙 나가기를 좋아하지 않는다. 그러면 그만인데 이 무슨 청개구리 심사인가? 되도록 외출을 자제하라고 하니 갑갑함이 임계점에 이르러 급기야 폭발할 것 같은 심경이 된다.

사회적으로 큰 슬픔이나 어려움이 있을 때마다 비망록을 썼다, 내 깜냥에 맞게 그 시점의 사회적, 정서적 정조情操를 수필로 남겼다. 성수대교붕괴, 대구지하철사고, 세월호사고, 무슨 사회적 부채감 때문은 아니고 명색 글을 쓰는 사람이라는 자의식 때문도 아니다. 그저 그 모든 일들이 내 가슴을 뒤흔들었다. 아파서

였는데 너무 아파서 쓰지 않을 수 없었는데, 이번엔 좀 다르다. COVID-19 팬데믹은 아프거나 슬프기보다 인류에게 닥친 재앙 같아서 몹시 두렵다.

 2020년 1월쯤 우리나라에 한 명 두 명으로 시작해서 2월 18일을 기점으로 이 지역에 코로나19가 폭발했다. 사람들의 머릿속을 온통 코로나로 채웠다. 종사자들의 희생과 봉사에도 불구하고 사망자들이 적지 않게 나왔다. 한동안의 소강상태를 거쳐서 지금, 겨울에 전국적으로 그리고 세계적으로 3차 대유행을 겪고 있다. 일 년이 지났다. 코로나블루라는 집단 히스테리 같은 게 사람들을 덮치고 있다. 아직은 터널 속이다.

 얄궂은 시대, 이른바 '뉴노멀'의 시대를 모두가 마스크를 쓰고 지나가고 있다. 조금만, 조금만 더 견디자며 어려운 시간을 보내고 있다. 2021년 2월26일부터 백신접종이 시작되었다. 터널의 끝이 보이려나. 희망을 가져도 되려나. '산 너머 남촌에'서 봄바람이 불어오면 좋겠다. 나에게 당신에게 그리고 인류 모두에게 봄이 오면 정말 좋겠다.

 이 지면에 「그때쯤이면」을 제목으로 한 짧은 산문을 올렸었다. 일 년쯤 전이었는데 그때의 '그때'는 봄꽃이 천지에 환하게 필 때쯤이다. 봄꽃이 필 때쯤 이 전염병이 끝나고 작은 꽃 같고 노란 햇살 같은 일상을 찾았으면 좋겠다는 뭐 그런 글이었다. 정말이지 봄이 되면 끝날 줄 알았다. 아니었다. 꼬박 한 해가 지나고 다시 그 '봄'을 기다리고 있다. 이제 '봄'은 더 이상 계절이 아니다. 평범한 일상이 주어지는 그 시점이 인류의 봄이 될 터이다. 봄바람이 산에 들에 마을에, 대도시의 창문 하나하나에까지 불어왔으면 좋겠다. 봄바람이 불어와서 이 몹쓸 바이러스를 날려버렸으면 좋겠다.

17 위로

"너는 코스모스야. 지금은 봄이야. 가을이 되기를 기다려. 그러면 활짝 필 거야." 드라마 「스타트업」에서 할머니가 직장에서 '잘리고' 온 손녀에게 하는 말이다. 더할 나위 없는 위로다. 젊은 독자가 이 몇 문장을 읽을 일이 있을까마는 여기 옮겨 적는다. 드라마에서는 가을에 주인공이 코스모스로 피었다. 불안한 젊은이들이 모두 저마다의 계절에 저마다의 꽃으로 활짝 피어나기를…….

글상 차리기

 오후 다섯 시다. 거실에서 안방으로 들어왔다. 침대 위에 접이식 책상을 올렸다. 접었다 폈다할 수 있는 이 작은 책상은 실은 밥상이다. 한때 '이순재 밥상'으로 세간에 알려졌던 환자용 밥상이다. 원목으로 만든 것인데 날라야 하는 밥상이므로 양쪽에 손잡이용 구멍이 뚫려있는 예쁘고 가벼운 상이다. 노트북을 놓고 마우스받침을 곁들이면 마침맞다. 지금은 제목도 생각나지 않지만 드라마에서 이순재 씨가 침대에 앉아서 이 밥상을 받는 장면이 방영된 후 주문이 폭발했다고 한다. 누군가는 집안의 환자를 위해서 유용하게 쓸 것이고, 나처럼 간이책상으로 사용하는 사람도 있을 터이다.

 아무려나 책상 얘기를 하려던 게 아니다. 겨울엔 서재에 난방을 하지 않는다. 내가 뭐 발자크처럼 하루 여덟 시간씩 글을 쓰는 사람도 아니고(하필 어마어마한 분을 모셔와 버렸다.), 책은 대체로 잠자리에서 읽기 때문에 서재에 난방비를 쓸 필요가 없다는 생각이다. 이것을 놓고 등받이방석을 세운 다음 상다리 밑으로 두 다리를 편안하게 펴면 준비가 된 것이다. 글쓰기 자체보다 이렇게 준비하는 시간이 더 즐겁다.

일상의 대부분을 일터에서 보내므로 주말에는 할 일이 적지 않다. 날마다 해야 하지만 미루었던 집안일들을 주말에 해치운다. 토요일부터 시작해서 일요일 오후쯤이면 끝난다. 뭐하고 있는 거지? 어느새 해거름이네. 뭔가가 휙 지나가버린 것 같다. 글쓰기는 시간이 모자라서 못하는 게 아니다. 겪어서 아시겠지만 글을 쓰지 못하는 까닭은 오로지 소재의 충격이 없어서이다. 그러면 그만인데 초조해진다. 누가 글 쓰라고 등 떠미는 것도 아닌데 공연히 전전긍긍한다. 집안일을 제때 못해서 불안한 적은 없었다. 나는 손끝이 야물지 못하다. 그저 끼니를 잇는 것에 만족하면서 산다. 오, 그러나 글쓰기는 그렇지 않다.

버킷리스트 중 하나가 '죽자고 글쓰기'이다. 그런 열망이 내게 있었다. 쓰고 싶어서 썼다. 대단한 작가가 되고 싶었던 것도 아니고 실제로 그럴듯한 작가도 되지 못했다. 거기에 애착이 있는 건 아니다. 그럼에도 글을 한동안 못 쓰고 있으면 결핍을 느낀다. 허전하고 배고프다. 지금 이 문장들도 그런 배고픔 때문에 쓴다. 휴일 오후가 되면 무턱대고, 글감 없이 이 '글상'을 차리면서 밥상에

올릴 찬이 간장종지 하나뿐인 가난을 저리게 체험한다. 이 가난이 그러나 싫지가 않다.

　수필문단에 30년 넘게 머무르고 있다. 젊었을 땐 일하다가도 쓰고 퇴근 후에도 썼다. 원고청탁이 오면 쓸 수 있었고, 청탁이 올까 봐 미리 준비하기도 했다. 이제 그게 되지 않는다. 일을 하는 중간 중간 모니터 화면을 바꿔가며 글을 쓰는 건 거의 불가능해졌다. 오랜만에 귀한 소재가 나를 찾아주었을 때도 그것에 집중할 힘이 떨어졌음을 확연하게 느낀다. 사유하고 천착하는 시간이 헐거워졌다. 지구력도 현저히 저하되었다.

　그래서 서글픈가. 아니다, 다만 기다릴 뿐이다. 문장 하나 잇지 못하고 해가 저물면, 더구나 그게 황금 같은 주말의 시간이면 많이, 참 많이 아쉽다. 하지만 괜찮다. 수면 아래로 내려가서 보이지 않지만 그 어디쯤에 아직은 소멸되지 않은 열정이 있어서 어느 순간 물위로 떠오를 것이다. 나는 나이 들었고 매너리즘에 젖어있지만 이게 다는 아니라고 생각한다. 나는 여전히 세상의 온갖 꽃들과 새들과 나무와 돌을 사랑한다. 세계와 타자와 현상들에 가슴이 뛰고 또 가슴이 아프다. 그것이 열정이 아니라 치졸한 욕망이라 해도 뭐 상관없다. 그럼에도 불구하고 참 앞뒤 안 맞게도 이제 그만 글쓰기를 놓아야하는 게 아닐까하는 생각을 자주 하게 된다. 그래 놓아버리자! 아니다! 그런 쓸데없는 생각들이 서로 부딪치며 이기고지고 한다.

소설가 엘리자베스 길버트는 신작이 나올 때마다 전작前作은 한낱 요행이었음이 탄로 날 수 있다는 말을 했다.(휴버트 드레이퍼스 · 숀 켈리 지음 『모든 것은 빛난다』 중에서 차용) 신작이 전작을 넘지 못한다는 작가의 뼈아픈 자각이다, 그에 비할 바는 아니지만 30년이 넘게 수필을 써왔는데 '한낱 요행'이라 할 만한 전작도 없다. 그러니 놓아야 할 때가 온 것 같기는 하다. 내가 글이라는 명제를 붙들고 있으나 그렇지 않으나 그 누구에게도 중요하지 않다. 거듭 말하거니와 그러니 놓아버려도 된다. 하지만 이 신명나는 놀이판을 떠나는 게 과연 옳을까? 글쓰기는 나에게 오직 하나 뿐인 유희遊戲인데?

미련 '곰탱이' 같은 나는 그래서 오늘 또 글상을 차리고, 등허리 아프고, 엉덩이 아픈 걸 견디며 문자판을 두드리고 있다. 소박하다 못해 가난하기 짝이 없는 내 글상을 껴안고 문장이란 걸 쓰고 있다. 언제까지가 될지 모르겠다. 서재에는 때 지난 책들이 쌓여있고, 글상은 접혀서 서재 귀퉁이에 세워진 채 시간이 먼지로 켜

켜이 앉아있을 날이 머지않아 올 수도 있겠다. 아니, 곧 올 것이다. 그때가 올 때까지 나는 고집스럽게 그리고 신명나게 이 유희를 즐기련다.

문득

"영감은 쪼매 더 살아도 될낀데 고마 가뿌리고."
"고향 친구들도 인제 다~ 가뿌리고."
"동기들도 다~ 가뿌고 내만 남았고."
"영감은 팔십일곱에 층계에서 넘어져가 갑작시리 가뿌리고."
"내 혼차 놔뚜고 그노무 영감 지만 홀~홀 가뿌리고."
"손자손녀는 다 커가 짝 맞차 나가뿌리고."
"아들은 옛날에 살림났고, 딸도 지줌지줌 사이끼네 넘이나 진배없고."

 구순의 할머니가 순서도 없이 무한 반복하는 말이다. 달포에 한 번씩 들러서 같은 말씀을 늘어놓으신다. 여러 해를 내 일터에 찾아오셔서 같은 서사를 옹알옹알~옹알옹알~ 하염없이 풀어내신다. 나는 할머니와 눈을 맞추고 자주 고개를 끄덕인다. 대답은 하지 않아도 된다.

"열두 시 넘었나?"

"네 시 넘었어요."

"가서 또 한 숟가락 채리 묵어야지~."

문득, 오늘 문득 몹시 외롭다.

18
명료, 명쾌

작은 책을 좋아한다. 오래된 문고판들이다. 책은 낡아서 지면이 누렇고, 활자는 너무 작아서 안경을 올렸다 내렸다 하며 힘들게 읽는다. 『찰스 램 수필선』, 서머셋 몸의 『서밍업 The Summing Up』, 『근원수필』, 『무서록』들이다. 나는 그 책들이 내 서가에 꽂혀 있다는 것을 이따금 기억해내는데 그때마다 행복하다.

최근에 『서밍업 The Summing Up』을 다시 읽는다. 지면에 내가 표시해둔 게 분명한 밑줄, 별표, 괄호 등 볼펜 자국이 없었다면 속을 뻔했다. 그만큼 한 낱말 한 문장이 새롭고 설렌다. 오래전 문단의 한 선배가 내게 건네준 것이다. 절판되어서 없는 것이라 여기저기를 뒤져서 어렵게 구한 것이라 했다.

1997년 시사영어사에서 출간한 영한대역문고판이다. 왼쪽 지면은 영문英文, 오른쪽 지면은 영문을 번역한 한글판이다. 물론 나는 한글판을 읽는다. 그런데 글자가 정말 작다. 7호 혹은 8호 정도 되는 것 같다. 읽다가 덮을까 하다가 지금이 아니면 다시는 못 읽겠지? 마지막 기회겠지? 하면서 내쳐 읽는다. 읽으며 희열을 느낀다.

위대한 작가도 습작시절이 있었고, 어휘를 모으려고 박물관이나 전시회를 다니며 필기를 하고, 그 수첩에 모인 어휘들을 넣어서 문장을 만들어보고, 이렇게 또 저렇게 문체연습을 했다고 한다. 그런 점에서 동류의식을 느낀다. 그는 문학세계사에 남은 위대한 작가이고, 나는 한낱 동네 글쟁이지만 적어도 습작시절에는 어딘가 비슷한 면모도 있었다는 건방진 생각을 한다.

그러니까 이 책은 한마디로 서머셋 몸의 문학적자전이다. 조부모, 부모로 내려오는 집안의 내력이 서술되어 있고, 문학에 입문하고 매몰되는 계기와 과정과 열망을 기록하고 있다.

"나는 오리가 물에 들어가듯이 글을 쓰기 시작하였다."

"나에게 있어서 글을 쓴다는 것은 숨을 쉬는 것만큼이나 자연스러운 본능이어서."

독자는 안심한다. 작가는 우리와 크게 다르지 않다고 생각한다. 하지만 읽어내려 갈수록 태산을 올려다보듯 아득해진다. 이 텍스트는 궁극적으로 '산문 쓰는 법'에 대한 저술이다. 서머셋 몸의 철학과 삶에 대한 태도, 문학에 대한 신념을 '요약' 정리한 필생의 작업인 것이다. 담아낸 내용이 도서관의 장서만큼이나 방대하고 한 잔의 엑기스마냥 명징하다. 『달과 6펜스』에 반해서 몇 차례나 읽고 어쭙잖게 고갱에 몰두했던 나로서는 그의 필생의 기록을 읽는데 내 눈을 혹사(비문증과 백내장이 의기투합해서 방해를 한다.)할 수밖에 도리가 없는 것이다.

낡은 지면의 깨알 같은 글자를 읽는 것은 이 위대한 작가의 가르침을 자양분으로 받아들여 내가 조금이라도 더 나은 글을 써보겠다는 갸륵한 의지의 발로가 아니다. 그냥 읽어서 즐겁고 알아들을 것 같아서 환호한다. '언어의 절제와 긴장', '명쾌하고 꾸밈없는 문장', '인간 본성에 대한 날카로운 통찰력' 같은 금과옥조가 서술되어 있지만 다 옮길 수 없는 노릇이다. 표제가 '서밍업'이다.

한 문장으로 요약하면 '문체는 명료하고 의미는 명쾌해야 한다.'
로 정리될 것 같다. 아시다시피 그것, 쉽지 않다.

여름은 그저 여름이겠거니

  J 선생께서 팔조령을 지나 청도 유등연지로 가보라고 한다. 연꽃이 만개했다고, 지금이 예쁘다고. 연꽃 보러 가고 싶다. 연꽃 만나러 가고 싶다. 당장 가고 싶다. 지독한 더위, 혹서, 폭서, 폭염, 찜통, 가마솥더위, 염천을 뚫고라도 가고 싶다.

  "여름은 덥고 겨울은 춥다." 오래 전 어느 드라마에서 본 극 중 스님의 대사가 생각난다. "물은 물이고 산은 산이다."는 우리시대의 큰 스승이신 성철스님의 말씀이라 그 높이와 깊이를 도무지 가늠할 수 없지만 단순하게 "그렇습니다." 란 답이 나오기도 한다. 드라마 속 스님의 대사도 마찬가지로 받아들여진다. "여름은 덥고 겨울은 춥다." "예, 맞습니다." 대답이 순순히 나온다.

  유등연지의 연꽃을 보러가지 못하고, 연꽃 만개한 연못을 그려본다. 모네의 그림도 떠올려본다. 백만 가지의 수식어로 더위를 표현한다 해도 여름은 그저 여름이겠거니.

허○○ 백신접종기記

제목에서 눈치 채셨으리라.『허삼관 매혈기』에서 제목을 차용했다. 하필 종씨宗氏다. 내용은 전혀 다르다. COVID-19 백신을 접종해야하는 나(우리)의 처지를 매혈을 해야 하는 허삼관의 절박함과 비교자체가 어불성설이다. 하지만 나대로는 자못 비장했다. 백신을 맞게 되기까지의 우여곡절은 전 세계가 다 아는 사실이므로 생략한다.

의료보건에 종사하는 사람으로 분류되어서 좀 일찍 백신과 맞닥뜨리게 되었다. 접종 기간이 4월 말에서 5월 초순까지로 정해졌다. 5월 1일로 신청하였다. 4월 26일이 첫날인데 첫날에 나설 용기는 나지 않았다. 게다가 토요일에 맞고 일요일을 집에서 쉬면 월요일에 출근하기 좋지 않을까, 뭐 그런 꾀를 냈다. 인터넷으로 예약을 했다. 몇 군데 위탁의료기관이 떴다. 접근성이 좋고 좀 그럴듯해 보이는 병원을 선택했다.

  당일 아침, 아들이 태우러 왔다. 혼자 보낼 수 없다는 것이다. 백신에 대한 온갖 흉흉한 소문 때문이다. 막상 닥치니 의외로 담담했다. 이른바 '기저질환자'이지만 어쩌겠는가. 눈만 뜨면 대중에 노출되어야하는데. 그저 순리대로 하자. 맞으라면 맞고, 지키라면 지키는 시민이 되자고 마음먹으니 썩 괜찮았다. 병원에 도착해서 체온을 재고 문진표를 작성한 다음 호명될 때까지 기다렸다가 의사 앞에 가서 몇 가지 질문에 답했다. 이런저런 지병이 있다, 약물알레르기는 없다, 현재 몸 상태 좋다. 실은 그 며칠 전에 이석증이 재발해서 힘들게 지내고 있었다. 그걸 자백하면 의사가 접종을 망설일지 모른다. 기회가 왔을 때 맞아야 한다.(사실 아프면 아프다고 해야 한다.)

  간호사가 주사를 놓았다. 따끔할 겨를도 없었다. 찰나였다. 저녁때쯤 으슬으슬 춥더니 밤 9시쯤 열이 났다. 체온 37.3도, 아세트아미노펜 한 알을 먹었다. 일찍 누웠다. 잠이 오지 않아서 무거운 머리로 책을 읽었다. 이튿날 아침에 일어나려니 천장이 빙빙 돌았다. 백신 탓은 아니다. 며칠 전부터 그랬으니 이석증 때문이다. 두통이 있었다. 두통은 내 필생의 '두통거리'다. 백신이 때문이 아니다. 근육통은 있으나 견딜 만하다. '국민비서'란 곳에서 문자가 왔다. "접종 후 3일까지 잘 지켜보라. 이런저런 예후가 있을 수 있다." 문자는 7일, 14일 되는 날에도 왔다. 친절한 비서다. '아스트라제네카' 무사히 안착했다. 어지러움과 두통이 나를 3주 동안이나 흔들었지만 백신이 한몫하지 않았을까 하는 의구심을 거두기로 했다.

아스트라제네카가 부족해서 2차는 화이자로 맞는다고 통보가 왔다. 교차접종에 대한 온갖 우려의 말들이 떠돌았지만 별 방도가 없어서 순응했다. 걱정과 달리 2차는 다소 편안했다. 2차는 관할보건소에서 녹음된 전화로 예후를 확인했다. 아무튼 감사했다. 대단한 숙제를 끝낸 것 같아서 한껏 뿌듯했다. 나로서는 다행한 일이나 예후가 좋지 않아서 고생하거나 나쁜 결과를 가져온 경우도 있어서 이 지면을 통해 위로를 드린다. '허○○ 백신접종기'는 여기까지다. 여전히 마스크는 벗을 수 없고, 사람 만나기가 편치 않다. 델타변이란 괴물이 나타나서 확진자가 폭발했다. 인류는 전대미문의 바이러스와 사투 중이고, 백신접종은 목하 진행 중이다.

19
만추

    내내 칠성꽃시장엘 가고 싶었다. 국화를 다발로 사고 바구니로 사서 집을 국화로 채우고 싶었다. 가을이 저물도록 꽃시장에 가질 못했다.

    일요일 오후, 선생을 찾았다. 선생은 연로하셔서 거의 은거하고 계신다. 이따금 전화로 안부를 여쭈면 선생은 늘 앞마당을 이야기하신다. 매화가 피었네. 나비가 한 마리, 두 마리, 네 마리가 날고 있네. 하늘 빛깔이 참 곱다. 구름이 뭉게뭉게 떠다닌다. 고추잠자리가 많이 날아다닌다. 며칠 전에는 나무에 노랑 **빨강** 단풍이 들었네 하셨다. 그렇게 정원의 나무, 그 나무들을 지나가는 바람 소리, 새들의 지저귐, 피고 지는 꽃들을 말씀하실 때 선생의 목소리에는 쓸쓸함과 신명이 함께 묻어있다. 선생은 꽃과 나무, 하늘과 구름, 모든 존재하는 것들을 사랑하신다.

선생은 자꾸 조그마해져서 이제 내 품에도 쏙 들어온다. 차 마실까? 카스테라 먹을래? 감주 한 잔 하자. 나를 맞으신 선생은 분주하시다. 집은 잘 정돈되어 있고, 창틀에는 작은 화분들이 조르륵 놓여있다. 거실의 탁자에는 최근에 도착한 수필집들과 수필전문지들이 펼쳐져 있다. 선생은 여전히 수필과 함께 사신다.

"거실에 들어오는 햇살이 참 좋다. 여기 앉아서 책 읽다가, 밖을 내다보다가, 평화방송 보다가, 기도하다가, 그러노라면 시간이 참 잘 간다."

말씀을 하실 때 선생의 표정은 맑다. 나는 선생을 마주보며 미소 짓는다.

정담을 나누다 일어선다. 세숫비누 몇 개, 무늬가 있는 돌 하나 가져가라며 손에 쥐어 주신다. 주고 싶은 그 마음을 달게 받아든다. 마당에 내려서며 군데군데 무리지어 피어있는 국화에 엎드려 나는 코를 킁킁댄다. 짙은 국화 향이 나를 가득 채운다. 선생은 신명이 나셨다. 좀 꺾어가라. 나는 욕심을 내서 꽃을 꺾는다. 꽃이야 마땅히 피는 그곳에 있어야하거늘 이건 아니지 싶다가도 욕심이 이기고 만다. 선생도 거들어서 자주색, 연보라색, 쑥부쟁이들을 한아름 안겨주신다. 선생은 기뻐하신다. 내 손에 무엇이든 쥐어 보내고 싶으신 게다.

선생을 남겨두고 나는 돌아선다. 눈앞에 펼쳐진 하늘과 앞산의 능선을 바라보며 선생은 앞마당에 서 계시리라. 가을 나무들과 무더기 무더기로 피어있는 국화꽃들과 그 속에 세워진 작은 성모상과 함께 서 계실 터이다. 늦은 가을晩秋, 꽉 찬 가을滿秋 속에 만년晩年의 선생은 그렇게 한참을 서 계실 것이다.

선생이 나눠준 가을을 안고 집으로 돌아온다. 길고 목이 가느다란 병, 통통하고 목이 짧은 병, 입이 큰 병에 나눠서 거실 탁자에, 식탁에 놓는다. 국화 향 그득하다.

버드맨

'싱어게인'이라는 프로그램을 재미있게 봤다. 무명가수들의 경연프로그램이다. 데뷔는 했으나 대중들에게서 금방 잊혀져간 실력 있는 가수들을 재발견하여 그들에게 무대를 주겠다는 취지다. 가창력과 열정이 대단했다. 다시 날고 싶은 새들의 간절함이 피를 토하듯 쏟아져 나왔다.

TOP3이 정해졌다. 그들이 한데 모여 매회 유명가수 한 명을 초대하여 그의 노래와 경험과 아티스트로서의 철학을 듣는 시간이 마련되었다. 한 번은 윤종신이 초대되었다. 윤종신이 〈버드맨〉이란 노래를 소개했다. 영화 〈버드맨〉을 보고 공감해서 같은 제목의 노래를 만들었다고 했다.

〈버드맨〉은 할리우드 스타로서 톱의 위치에 있던 배우가 서서히 관객의 관심에서 멀어진다. 대중은 그를 한때의 슈퍼히어로로만 기억한다. 주인공 리건은 진정한 배우로서의 자신을 되찾고자 한다. 다시 날기 위해 리건은 브로드웨이 무대에 도전한다. 윤종신은 그 영화를 보고 창작자로서의 고뇌에 직면했다.

윤종신은 싱어송라이터이다. 매너리즘과 진부함, 그 어디쯤에 머물러 있는 자신을 돌아보았다. 대충 그런 내용의 말을 했다. 그의 심경이 내게도 전이되었다. 영화 속의 배우와 가수 윤종신과 달리 나는 한 번도 톱의 자리에 서 본 적이 없다. 하지만 이건 아니지, 이래선 안 되는 것이지 하는 정도의 자의식은 있었다. 그러면서도 그게 그것인 글들을 쓰고 있다. 수필문학의 외연을 넓힌다, 수필의 예술성을 확보한다 등등의 시도들이 오래전부터 수필문단에서 있어왔다. 나도 한때 단수필, 3인칭수필, 사투리수필, 판타지수필 등을 쓰면서 꿈틀거려보기도 했다.

그러다가 그만 두었다. 이제는 그냥 써지는 대로 쓴다. 날아본 적도 없는 나는 그다지 날고 싶지도 않다. 치열하게 쓰고자 했고 '죽자고 글쓰기'란 버킷리스트도 있었다. 나이 들어가면서 열망은 차츰 사그라졌다. 있는 그대로의 나를 인정하기로 마음먹었다. 이대로도 그만이다. 쓸 수 있다. 그걸로 감지덕지다. 오, 그렇지만 창작자로서의 고뇌가 내게 여전히 남아있고, 글쟁이로서의 진정성도 잃고 싶지 않다. 이 무슨 아이러니일런가.

로맨틱

 눈 때문에 책을 오래 읽기 힘들면 오디오북을 귀로 읽는다. 소설가 김영하가 읽어주는 글은 구석구석 다 찾아서 들었다. 김영하의 음성은 낮고 담담하다. 듣기 편안하다. 그 목소리가 끊겨서 뒤지다가 운 좋게도 배우 조승우가 읽는 알퐁스도데를 만났다.
 알퐁스도데, 참으로 오랜만이다. 풋내 나던 시절의 감성을 되찾기라도 한 듯 설렜다. 게다가 '조승우의 꿀목소리'란 소제목이 붙어있다.「별」,「마지막 수업」.「코르니유 영감의 비밀」들을 시간 날 때마다 내리 들었다.
 알퐁스도데의 글은 로맨틱하다. 서정적이고 사실적이다. 청소년 시절의 나는 알퐁스도데와 앙드레지드와 헤르만헷세에 빠져있었다. 그나저나 늙은 나는 책으로가 아니라 오디오로 수십 년 만에 도데를 다시 만났다.「별」, 프로방스지방의 목동과 스테파네트 아가씨의 설레는 밤, 별이 쏟아지는 밤, 목동에게 별 이야기를 듣다가 그의 어깨에 기대어 아가씨는 스르르 잠이 든다. 목동의 가슴 쿵쾅거림이 무디고 메마른 내게도 번져오는 것 같다.

저 수많은 별들 중 "가장 아름다운 별 하나가 길을 잃고 내려와 내 어깨에 잠들어 있는 거라고 생각했습니다."란 문장을 조승우의 목소리로 듣는데 늙은 나는 잠깐 로맨틱했다.

무제

"이렇게 새겨 줘. 여기에 남자가 있다. 태어나, 죽었다. 일생을, 쓰다 망친 원고를 찢는데 썼다."

다자이오사무의 소설을 읽다가 눈에 확 들어온 단락이다. 절절하다. 설마 내 동상을 세울 일이야 없겠지만 만약에 세운다면 그렇게 새겨달라는 얘기다. 물론 소설 속 얘기지만 자전적 요소가 짙다. 나중에 다자이오사무는 연인과 함께 투신자살했다. 아무려나 이 한 단락으로 다자이오사무는 내게 살아남아 있다.

20
불어라 봄바람, 솔솔 불어라

노래 '불어라 봄바람'은 스코틀랜드의 옛 노래였으나 '앱튼강'으로 개작되어 미국 민요로 널리 알려져 있다. 문득 그 노래를 떠올리고는 첫 소절을 이 꼭지의 제목으로 가져온다.

'불어라 봄바람, 솔솔 불어라' 오래전에 수성못가 찻집에서 팔순의 노선배님이 "Flow gently, sweet Afton"을 멋지게 부르셨는데, 나는 우리말 가사로 그것도 겨우 웅얼웅얼 수준으로 부를 수 있다.

"불어라 봄바람 솔솔 불어라/산 넘고 물 건너 불어오너라/나무

그늘 밑에 잠자는 아기/깨우지 말고서 곱게 불어라 -하랴-"

 개개인의 삶은 언제나 신산하고, 세계의 여기저기에서는 폭력과 재난과 전쟁이 끊이지 않고 있으며, 지구는 이상기후로 몸살을 앓고 있다. 봄을 기다린다. 수많은 소망을 품은 한 글자, 봄! 그 봄이 가져올 '잠자는 아기' 같은 평화를 기도하는 것이다.

 이 지면에서 얼마 전에 나는 '허○○백신접종기'를 썼다. 2차 접종이 끝났다. 당국에서는 그것을 '접종완료'라 하였다. 홀가분했다. 끝난 줄 알았다. 코로나시대를 살면서 문장마다 글마다 '코로나'가 끼어들었다. 도무지 끝나지 않는다. 아시다시피 우리는 하는 수 없이 '부스터샷', 그러니까 3차 접종을 하였다. 어느 날 '오미크론'이란 것이 국경을 넘어 들어오더니 어마어마하게 불어나서 우리들의 방패 1,2,3차를 뚫었다. 확진자가 폭발했다.

 만 2년을 넘기고도 멈출 줄 모르는 COVID-19 팬데믹에 인류의 삶이 황폐해졌다. 함께 이 길고도 긴 터널에서 헤매고 있는 내가 알거나 모르는 사람들, 세계의 저편에 살고 있는 모든 사람을 껴안고 싶다. 선별진료소 앞에 길게 줄을 서서 초조하게 기다리는 사람들이 무탈하기를 기원하고, 끝없이 몰려드는 그들을 맞이하는 의료진들의 노고에 감사한다. 2019년 12월에 시작되어서 2022

년 2월 현재, 처음의 코로나 바이러스는 델타, 오미크론으로 거듭 변이 되면서 목하 맹렬하게 세계를 공격하고 있다. 하지만 결국 인류가 이길 것이다.

밤새 기온이 뚝 떨어졌다. 아침에 보니 신천에 살얼음이 끼었다. 지난밤, 바람이 창문을 흔들 때 신천의 새들은 다 어디에 깃들었나 걱정했다. 이 아침 강바닥 여기저기에 새들이 홀로 또 여럿이 웅크리고 서 있다. 잘 견디고 있는 게지? 별 쓸모도 없는 걱정을 하면서 출근을 한다. 백로나 왜가리나 여름새인데 언제부턴가 텃새처럼 겨울에도 떠나지 않는다고 한다. 강에서 겨울을 나는 새들을 응원한다.

다시 밤이 되어서 새들과 사람들을 걱정하고 지긋지긋한 그놈의 코로나를 근심한다. 그러면서 아닌 밤중에 목청 가다듬고 노래를 부른다. "불어라 봄바람 솔솔 불어라~"

감천리

 책 한 권이 날아왔다. 『건축과 기행』, 보낸 이가 낯설다. 표지 안에 쪽지가 들어있다. "날 알아보실는지? 감천리가 태생이고, 본리학교 동기인데 …〈주소록 참조함〉 배○○드림" 그가 누군지 금방 알아차리지 못했다. 나는 그를 아명兒名으로 기억하고 있었다. 하지만 책을 펼치면서 그의 본명이 생각났다. 언덕을 넘고 들판을 지나서 함께 학교를 다니던 과수원집 아이, 그 옛 동무가 아닌가.

 책으로 만난 그는 건축가이다. 책은 그의 건축 작품들과 세계의 건축을 찾아 여행하며 카메라에 담고 짧은 소감을 붙인 건축 사진집으로 나뉘어 있다. 그의 작품들은 설계도와 외양, 간단한 서사로 소개되었다. 그의 필생의 작업이 남긴 결과물이 아니겠는가. 대단하다는 생각이 들었다. 뒤이어 그는 건축가의 눈으로 직접 바라본, 말 그대로 세계적인 건축물들을 공학적, 미학적, 역사적인 해석과 해설을 곁들여 소개하였다. 세계의 성당들, 궁전들, 박물관들, 교량 등등을 망라했다.

아무러나 그의 책으로 내가 당도한 곳은 감천리이다. 꿈에도 잊지 못하는 그곳, "복숭아꽃 살구꽃 아기 진달래"가 피던 감천리가 내게 찾아온 것이다. 대문 밖이 논이고 밭이던 그곳은 오래 전에 아파트단지로 바뀌었다. 어쩌다 그 어름을 지나가도 여기와 저기를 나는 구분하지 못한다. 뽕나무밭이 푸른 바다가 되어버린 게다. 나를 키운 작은 마을 감천리. 그립고, 그립지만 이제 지상에 없는 곳이다.

누가 찍었을까. 땟국이 자르르 흐르는(아마도 흰색이었을) 광목저고리를 입은 세 살 아기가 툇마루에 앉아있다. 쏟아지는 햇볕에 눈이 부셔 잔뜩 찡그리고 있다. 명함 크기만 한 그 낡은 흑백사진이 긴 세월 화장대 유리에 끼워져 있다. 그렇듯 나는 유년기, 학동기 적에 나를 에워쌌던 풍경과 정감을 여태도 품고 있다. 마을의 납작한 초가집들과 안골목 우물가의 감나무, 커다란 버드나무와 줄덩못을 간직하고 있다. 그 마을에서 뛰어놀 때 나를 스쳐가던 바람결과 뒷동산에서 들려오던 새소리와 담장에 흐드러졌던 찔레꽃 향기를 기억한다.

책을 오래 쥐고 있었다. 주소록에서 내 이름을 찾아준 그 친구가 고맙다. 그에게도 여전히 감천리는 있을 터이다.

에필로그

"내 의지는 문장 앞에 무력하다. 문장을 이어가야 내가 살 수 있다. 내게 문장은 밥 같은 것이다."

「오후 네 시」, 프롤로그 첫 문장이다. 다소 건방진 표현이지만 진실이 아닌 건 아니다. 오후 네 시란, 프롤로그에서 말한 바와 같이 글을 시작한 때를 내 생의 대략 그 시점時點으로 가늠한 것이다.(시간을 너무 후하게 설정한 것 같다.) 이 연재는 스무 번째로 끝이 난다. 일 년에 네 번, 그게 5년이 되니까 처음 설정한 오후 네 시란 시점이 흔들리는 것이다.

5년 전에 나는, 내가 생애의 오후 네 시쯤에 서 있다고 생각했다. 많은 날들이 흘러갔다. 지금이 오후 다섯 시인지, 오후 여섯 시인지 혹은 일곱 시인지 규정할 수가 없다. 어쨌거나 오후 네 시는 지난 것 같다. 나는 더 뒤로 밀려났다. 그러려니 한다.「그날부터」로 시작된 나의 산문산책은 스무 번째「오후 네 시」로 접는다.

 글쓰기의 자유를 누리고자 했다. 수필의 여러 요소, 그러니까 소재, 주제, 구성의 까다로움으로부터 벗어나고자 했다. 수필의 문학성, 예술성, 그밖에 수필문학이 가지고 있는 정체성과 속성 그 모든 제약으로부터 편해지고 싶었다. 그야말로 붓 가는 대로 썼는데 그 당위성을 확보하기 위해 구태여 수필과 산문을 구분했다. 쓰기와 읽기에서 파생된 사유의 조각들을 이 지면에 뿌려놓았다. 하여 읽은 책에 대한 내용이 자주 등장했다. 그게 내 주요 관심사이고 즐거움이었으니까. 즐거움이란 말이 나왔으니 말인데 글쓰기는 괴롭지만 즐거움이 그깟 괴로움을 덮고도 남는다.

  한 판 잘 놀다 간다. 이제 안녕이다. 그렇다고 내가 문장을 영 놓아버리겠다는 말은 아니다. 문장은 내 보배이다. 다만 이 지면과 작별을 하고자 한다.

  『산문산책 2』를 접으면서 이전의 연재물 「그날부터」의 에필로그 마지막 문장을 옮긴다. 그때나 지금이나 같은 심경이다.

    "사랑하는 이들이여 안녕, 꽃들과 새들과 나무들이여 안녕, 세상의 모든 고귀한 것과 비천한 것들이여 안녕, 내 평생의 기쁨이었던 글쓰기여 안녕."

허
창
옥

수
필
집

내 의지는 문장 앞에 무력하다.
문장을 이어가야 내가 살 수 있다.
내게 문장은 밥 같은 것이다.

우리시대의 수필작가선 101
오후 네 시
허창옥 2023

인쇄일 | 2023년 10월 06일
발행일 | 2023년 10월 10일

지은이 | 허창옥
엮은이 | 이유희
편집인 | 이숙희
발행처 | 수필세계사

출판등록 | 2011. 2. 16 (제2011-000007호)
주소 | 41958 대구광역시 중구 명륜로 23길 2
연락처 | Tel (053) 746-4321 / Fax (053) 793-8182
E-mail | essaynara@hanmail.net

값 10,000원
ISBN 979-11-93364-01-7

* 이 책의 판권은 지은이와 수필세계사에 있습니다.
 양측의 서면 동의없이는 무단 전재 및 복제를 금합니다.